編
内藤廣

著
浅見泰司
赤松佳珠子
山本佳世子
和田章
伊藤香織
小野悠
嘉門雅史
神吉紀世子
城所哲夫
木下勇
斎尾直子
坂井文
田井明
竹内徹
林良嗣
福井秀夫
船水尚行
南一誠
保井美樹

クロノデザイン──空間価値から時間価値へ

彰国社

デザイン：刈谷悠三＋平川響子／neucitora

はじめに

クロノデザインとは何か

内藤 廣

「はじめは中身なんかなんにもなかったんだよ」という言葉を評論家の川添登さんからうかがったことがある。一九六〇年代を席巻し、いまその価値が西欧でも見直されつつある「メタボリズム」の創案者の一人である。戦災から復興の最中にあった一九六〇年、東京で世界デザイン会議が催されることになった。世界の第一線で活躍する著名な建築家やデザイナーが集結する大きな国際イベントである。

わが国の若い世代の建築家たちも、何かそこで提示する必要に迫られていた。川添さんを中心に、まだ若手のホープだった菊竹清訓さんと黒川紀章さんの三人が、できたばかりの国際文化会館のロビーで夜な夜な集まって議論するうちに、何か言葉が必要だ、ということになって持ち出されたのが、生物学で使われ始めていた「代謝更新」という意味の「メタボライズ」という言葉で、これから「メタボリズム」という標語が生み出されたらしい。

戦災から復興へ、そしてオリンピックへ、さらには高度経済成長へ、東京中が工事現場だった。つまり、代謝更新の最中だった。まわりを見渡しても立派なものなど何もない。一九六〇年の時点で世界に向けて発信し得るのは、この成長する都市の代謝更新する姿しかない。ならばそれに名前を付けて、その向かっていく先を未来的なビジョンとして提示し、新たな概念の建築運動として仕立て上げよう、ということだった。

イメージが先行して、言葉の中身がはじめにちゃんと議論されたわけではなかったのだ。しっかりした理念があったわけではなく、議論を重ねるなかでボンヤリとした共通のイメージがあり、それに名前を付け、あとから肉付けをしていく、といういまから考えればかなり荒っぽいやり方だった。

川添さんは「新たな概念には新たな言葉が必要なんだよ」とも言われた。その後、「メタボリズム」は、この国の高度経済成長を体現する建築や都市のビジョンとして世界を席巻していった。永遠不滅のものなどない、すべては成長し変化し続ける、というビジョンは魅力的だった。この国の自然観や死生観を重ね合わせることもできたし、何より、建築や都市を生命体としてとらえ、そこに「時間」を組み込んだところが革新的だった。

それまで絶対的なテーゼであった近代建築の五原則には、時間概念がきれいに排除されている。否、そこに示されたのは、時間を排除すればこんなに豊かになれる、というビジョンばかりだったと言ってもよい。だから、歴史に残るような代表的な近代建築は、どれも汚れのないウェディングドレスのように白い。どこまで意図的であったかどうかはわからないが、メタボリズ

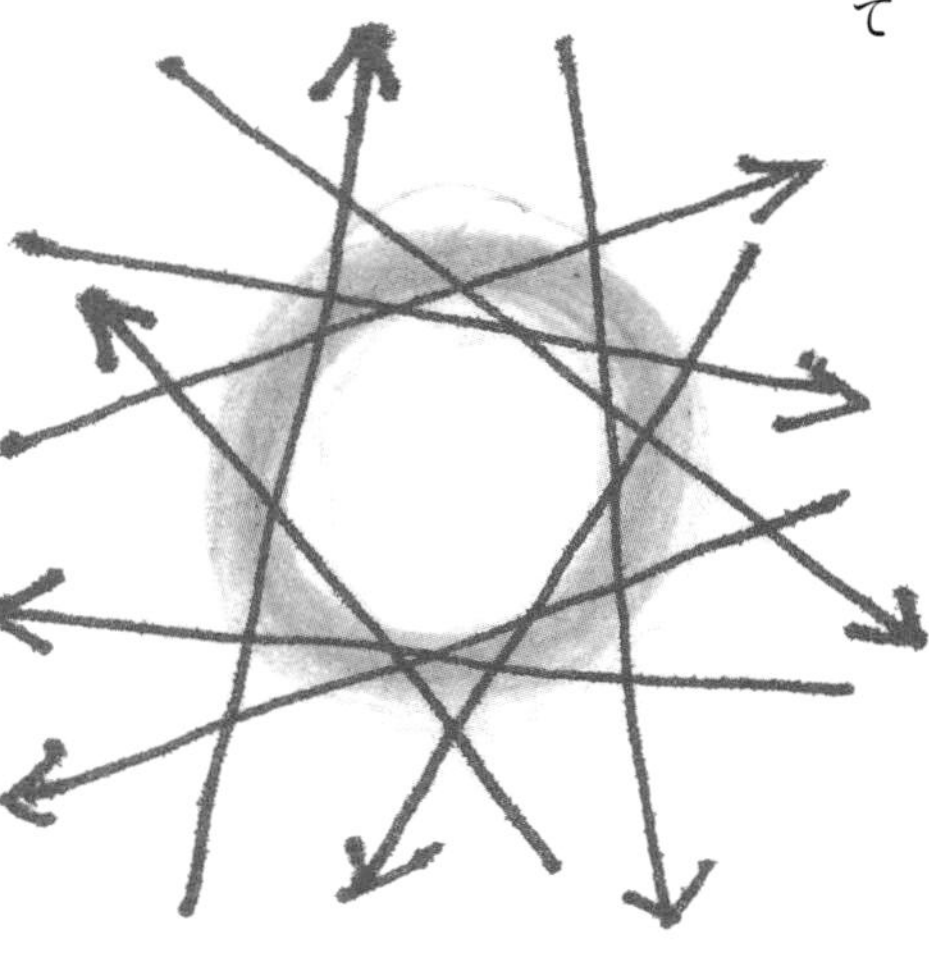

ムはこれに異議を唱えた。

――

あれから半世紀以上の歳月が流れた。いま、都会では超高層がどんどん建ち上がっていく。ときとして呆然たる思いでそれを眺めることもある。湾岸の夕暮れ時、窓に明かりがともる。それを美しいと思うこともある。都心の超高層オフィスのつるんとしたガラスファサードが空に消えるように映るのをきれいだなと思うこともある。しかし、なぜか超高層という建物の形式にも、それを原資として繰り広げられる開発そのものにも違和感を拭えない。個人的にはあまり好きにはなれないのだが、その好きになれない理由をうまく説明することができないもどかしさがある。建築や都市や土木に日常的に接し、ときに公の委員会でそれらを扱うこともある専門家としては、その理由を考えねばならない。

超高層という形式が誕生したのは一九世紀末から二〇世紀初頭だ。これを可能にしたのは、大きく三つの技術革新である。スチールをベースにした構造技術、縦方向の移動手段であるエレベーター、人工環境をつくり出す空調技術だ。人間が生み出したこの奇妙な建築形式には、顕著な特徴がある。「資本主義的合理性」「建築的効率性」「最小投資と最大効率」などである。そしてそれをビジネスとして成立させる方法として「空間の商品化」と「空間量の最大化」がある。デザイン、いわゆる「意匠」は、これらの目的の下僕となってさまざまな衣装を身に纏ってきた。

よく考えてみれば、一九世紀から二〇世紀の文明は、「あくなき空間価値の追求」をその大きな特徴としてとらえることができる。この特徴は、国土、地域、都市、建築、それらどれにも共通している。マンハッタンや上海を例にあげるまでもなく、その最大化された極端な姿が超高層ビル群の風景だといえる。それはまさしく「あくなき空間価値の追求」をした果ての姿をわかりやすく象徴している。

われわれは何か大きなものを見落としているのではないか。それが私自身の違和感、漠とした不安の出所なのではないかと思う。その終焉はいずれやってくる。「あくなき空間価値の追求」とは異なる視座を準備しておく必要があるのではないか。最大化を求めて暴走する「空間価値」の対抗軸として「時間価値」を別の軸として設定すること。おそらく、縮退傾向下の社会が到来するなかで、これこそがやらねばならないことだ。

空間価値の追求に関してはこれまでもさまざまな試みがなされてきた。国土については、国土という空間価値を最大化する試みである全国総合開発計画があった。これを踏まえて田中内閣で出された一九七二年の日本列島改造論が記憶に残る。そのたびごとにさまざまなスローガンが掲げられたが、要するに描かれたのは「国土の均衡ある発展」だった。まさに国土という空間価値の最大化を求めた計画だった。それがあまりうまくいかなかったのは、街や山河の背景にある時間価値を意識しなかったこと、未来に向けての時間的な連続性を提示できなかったところにあったように思う。空間価値に重きを置く以上、結果としてその発生源である東京中心にならざるを得ないからだ。

　この傾向を大きく変えようとしたのが二〇〇三年の「美しい国づくり政策大綱」とそれに続く二〇〇四年の「景観法」だった。「景観法」は、景観を公共物として位置づけ、方法としては姿や形態に制約を求めるものである。つまり空間価値の作法を示そうとしたものである。しかし、大きな視点でとらえれば、この法律の求めるところが、時間価値の創出であることは明らかである。時間は目に見えないから、目に見える空間の作法を法律で指し示したのだ。目的はその先にある。建築の時間、都市の時間、風景の時間、国土の時間を蘇生させることにある。

日本学術会議の土木建築分野に分科会が設けられ、建築・都市・土木の分野におけるデザインについて議論することになった。

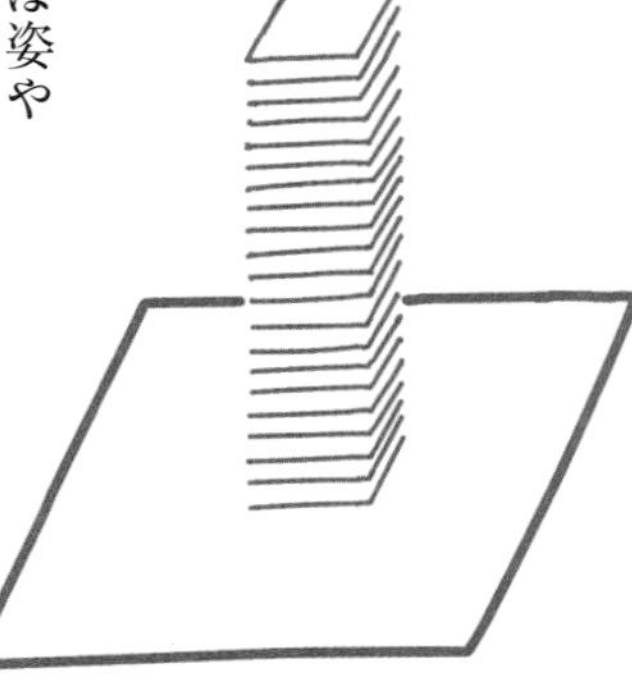

空間価値の最大化

言うまでもなく学術会議は大学に籍を置く先生方の団体で、アカデミックなテリトリーでの見識を世の中に示し、必要であれば国に提言することを使命としている。

文系から理系まで、あらゆる分野を網羅している団体だが、唯一、「デザイン」というアカデミックなテリトリーにとって最も親和性の薄い言葉が、扱いかねないものとして留保されてきた。比較的この言葉が多用される建築においても、実は状況は同じで、毎日のように口端には上るが正面からこの言葉の意味を考えている人は少ない。いわんや都市や土木をや、である。

しかし、建築も都市も土木も、最終的にはその姿形を社会に曝すことになる。かつてルイス・マンフォードが指摘したように、どのような建築も社会に姿を曝すのだから、「社会的存在であることを免れない」、ということだ。これは都市も土木構造物も同様である。すなわち、帰結として社会的な存在になるわけで、「景観法」はこれを問題としてとらえたわけである。どのように優れた構築物でも、社

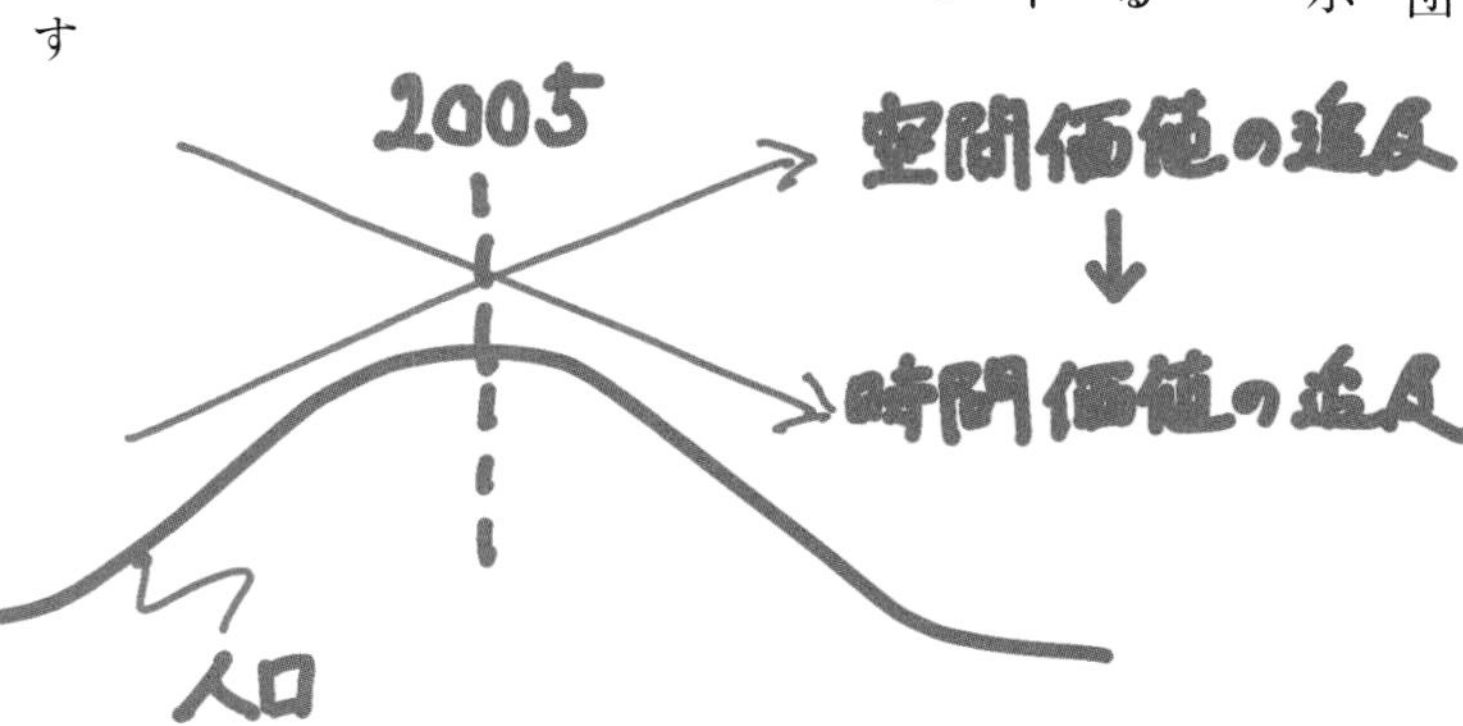

会的な存在として広く一般大衆の支持がなければ、やがて見捨てられる。その影響は計り知れない。

このような危機感のもと、二〇名の建築・都市・土木分野の学識者で構成される分科会での熱い議論が始まった。

まず、最初の一年は、分科会のメンバーの理解を深めることから始めた。初回は私が問題提起をし、次に最前線で活躍しているプロダクトデザイナーの大御所である喜多俊之さんを招聘してお話をうかがい、デザイン分野の歴史と権利関係に詳しい武蔵野美術大学教授の森山明子さんのお話をうかがい、都市計画が専門の東京大学准教授の中島直人さんのお話をうかがい、建築分野の現状を委員の一人である赤松佳珠子さんが説明した。こうして、問題意識を共有するところから議論を深めていった。

そのなかで次第に浮き彫りになっていったことは、デザインという言葉が、あまりに広く、そして曖昧なまま流布したために、本来持っているはずのその言葉の戦略性が大きく損なわれている、という認識である。新興著しい中国では、デザインという言葉に「設計」という言葉を当てている。つまり、対象が、インダストリアルデザインであれ、グラフィックデザインであれ、建築であれ、都市であれ、土木であれ、国土計画であれ、ものごとを組み上げる戦略そのものにこの言葉を使っているのである。わが国で、曖昧なままものごとの上辺を糊塗する付加的なものと扱われているのとは大きな差がある。

明治二一年の「意匠条例」制定、明治三二年の「意匠法」への改正とともに、江戸期に着物の柄に当てていた「意匠」という言葉がデザインに当てられた。外貨獲得のための輸出の主力であった着物や陶器の柄が付加価値であった時代はそれでもよい。しかし、このためデザインという言葉は、わが国では表層的なものとして長年扱われてきた。もはやそれでは後進国である。国際的には通用しない。使い古されてきたこの言葉に、新しい概念を付与し、戦略性を持たせねばならない。

高度経済成長期におけるどんどん拡大し成長する社会の時間概念のイメージを先取りしたのが「代謝更新」だったとしたら、高齢化が進み縮小していく社会の時間概念のイメージは、おそらく福岡伸一さんの言うところの「動的平衡」だろう。縮小に向けて、ある種の社会的な均衡を保ちながら変質していく。その様を思い浮かべねばならない。

そこで思い出したのが、新しい概念には新しい言葉が要る、という川添登さんの言葉だ。二〇世紀が「あくなき空間占有に狂奔した時代」だったとすれば、かつてのように激しく代謝更新することを理想とするのではなく、二一世紀はもうちょっと落ち着いて、中身は変わっていくけれども常に平衡を保っているような動的平衡を求めるべきではないか。そのためには、本当の豊かさを求めた「時間価値」に舵を切るべきではないか。どんなに立派な建物や都市を持ったところで、それにどれほどの意味があるのか。それよりは、そこに「どのような豊かな時間が生み出されたのか」のほうが、はるかに意味があることなのではないか。その現れとしてのデザインがあるとすれば、それはどのようなものなのか。より豊かな時間価値を創出する建築・都市・土木の姿、それを問いたい。

このような志から、「クロノデザイン」という新たな言葉を先生方に投げかけ、これを議論していただくことになった。クロノスはギリシャ神話の時間の神である。まれに使われるが、あまり一般的な言葉ではない。そのほうが都合がよい。中身は、たくさんの人が肉付けすればよいのだから。

こうした状況認識をしたうえで、メンバーによるきわ

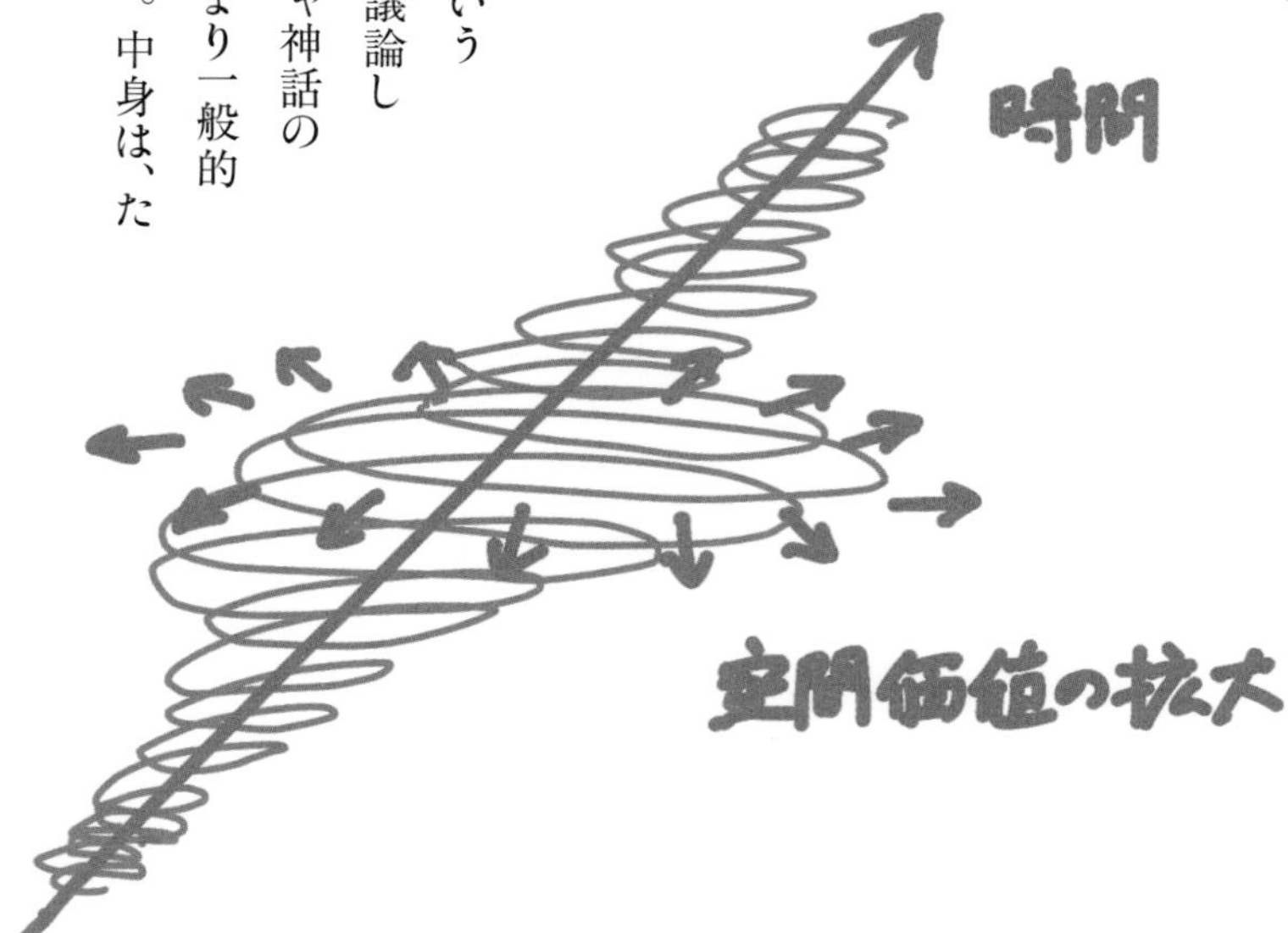

めて活発な議論がなされ、それを深めるかたちで四、五名ごとのグループに分かれて議論が進められていった。本書は、この最後のプロセスを書籍化したものである。分科会の議論として公にしないで議事録だけで終えることもできたが、先生方の熱のこもった議論が人目に触れずに埋もれてしまうのはもったいない。学術会議としては異例のことだが、出版というかたちで公にし、より多くの人が考える際の端緒にしてもらうほうがよい、という分科会の総意を受けて出版することになった。

もちろん、当初から予想したように、言葉の定義がなされたわけではない。アカデミックに言葉の意味を絞り込んでいく作業でもない。しかし、これまでとはまったく様相の違う議論が交わされたことはたしかである。それぞれ専門の違う識者が問題意識をぶつけ、「時間」「デザイン」、そして「未来」を語り合ったのである。「クロノデザイン」という新たな言葉をトリガーとして、新たな時代の社会の様態を議論の俎上に載せることができたのではないかと思う。

編集者にお願いして、討論に参加していただいた先生方が現在関心を寄せられている研究のトピックをページの間に差し込んでもらった。発言をされている先生方の背後の景色が垣間見えたほうが、発言内容や言葉の理解が進むと思ったからだ。これはこれでとても興味深いページになった。

先生方の議論を経て、この言葉はずいぶん肉付けがされた。しかし、まだ足りないところがたくさんあることは言うまでもない。ここから先は、読んでいただく方たちにも加わっていただけたら、これにまさる喜びはない。

[目次]

建築をめぐるクロノデザイン

ディスカッション 1

1

建築をめぐるクロノデザイン

赤松佳珠子
神吉紀世子
木下勇
坂井文
竹内徹
和田章

赤松佳珠子｜神吉紀世子｜木下 勇｜坂井 文｜竹内 徹｜オブザーバー――和田 章

「つくる」から「育てる」へ

赤松――空間価値から時間価値へ、そのパラダイムシフトに向けてディスカッションしていこうというのが、本書の趣旨です。ここではまず、建築デザインの価値に焦点を当てていきたいと思います。

日本の場合、建築が竣工したときの価値を一〇〇とすると、そこからひたすら減価償却していくといいますか、価値が下がっていきますね。特に住宅は、ある時点で建物の価値はゼロになって土地の値段だけで売り出されてしまう。一方、海外では古くても丁寧に使われている住宅は価値が下がらず、むしろ上がったりします。日本でも少しずつ変わりつつあるとは思いますが、**建築は経済原理主義に則って「商品」として扱われています**。

木下――日本ではパッケージ化された住宅を買うという感覚が一般的で、住宅に対して非常に受け身ですね。でも、ヨーロッパでは住まい手の多くが自分で壁を塗り直すなど、DIY[1]に積極的で、住まい手が自分のための巣をつくる主体なんです。以前、マイケル・ベル[2]とセ・ツン・レオン[3]の著書に惹かれ「**スロースペース**」というテーマで、再開発を研究しました。スクラップ・アンド・ビルドで計画する日本の再開発に対し、ヨーロッパでは古い建物を再利用しながら新旧混在の都市をマネジメントしようとします。例えばスイスでは、工場跡地で巨大プロジェクトが立ち上がると、工場を残せという住民たちの運動が起こり、計画の見直しが行われたりする。大型の開発計画は市民に公開されていて、異議申し立てがある場合は住民投票にもっていけるんです。そうやって、そこに地域の歴史的な時間や文化を重ねることができる。

赤松 そういう仕組みは日本とは全然違いますね。日本の場合、土地を持っている人の権利が強いのでなかなか難しい。

木下 日本では工場が閉鎖されたりすると、再開発の構想が決まるまで十数年もそのまま寝かせたりしますが、スイスではすぐに開放して、若いアーティストやビルダーに活用させます。そこに劇場、映画、フリーマーケットなど、さまざまなクリエイティブな動きが起こってきて投資を呼び込んでいくんです。

1——**DIY**[Do It Yourself]専門業者に依頼せず、自分の手でものをつくったり修理したりすること。

2——**マイケル・ベル**[Michael Bell]コロンビア大学大学院教授（建築計画・保存）。カリフォルニア大学バークレー校修士課程修了。二〇一〇年、Bell Seong Architecture設立。

3——**セ・ツン・レオン**[Sze Tsung Leong]アーティスト。一九七〇年、メキシコ生まれ。ハーヴァード大学大学院修了。おもな作品=「Cities」「Horizons」ほか。

赤松　ジェントリフィケーション[4]が起こってしまう可能性もありますね。

木下　そうですね。でもそうやって人を呼び込むことで、荒廃した危険な街区を変えていくんです。

赤松　それは住民からのボトムアップ的な動きなのでしょうか。それとも行政の側から意識ある住民にコミットして、たきつけているような部分もあるのでしょうか。

木下　最初は後者でしょうね。チューリッヒ西側の旧工場地帯の再開発事業では、大学を卒業したばかりの若いスタッフが、情報の公開・収集のマネジメントを担っていたので、住民がなんでも言いやすい雰囲気が生まれていたようです。劇場ができたり、演劇学校やIT関連の企業も入ってきたり、だんだんホットスポットのようになっていきました。

竹内　工場を残してほしいという意識は、日本ではあまり共有されないかもしれませんね。公害の問題もあり、工場はむしろ負のイメージが強いと思うのです。ヨーロッパでそれを残そうとするのは、建築としてのクオリティが高いからだけではなくて、そこに産業があったという歴史に対するリスペクトがあるということなんでしょうか。

木下　そうです。そのまちが何によって発展してきたかという歴史をみなさん理解している。ヴィンタートゥール(Winterthur)には一九世紀にズルツァー(Sulzer)という企業が興り、その発展とともに都市が形成されてきた。スイスだけじゃないと思うんですが、ヨーロッパの人たちは、その場所

4——**ジェントリフィケーション**[gentrification]｜停滞した地域が再開発や文化的活動により活性化した結果、居住空間が改善する現象。中高所得者層の流入によって地価が上がり、在来居住者が住めなくなるという社会問題も生じる。

チューリッヒ西側の旧工場地帯｜スローデベロップメントで古い造船所が閉じたあと、若者に開放。そこがホットスポットとなり投資を呼び込み、新しい建物が建設され、新旧混在で地区の個性が生まれている

ヴィンタートゥールのズルツァー｜スクラップ・アンド・ビルドの計画に対し、地元から古い工場は地域の発展の礎なので残してほしいという声があがり、新旧混在のスローデベロップメントとなった。工場内部の一部が屋外の中庭となり、クレーンの架構を残したイベントスペースとして使われている

の歴史やアイデンティティにこだわり、都市をきちんと考えますね。つまり時間の流れをちゃんと考え、そのうえで流れに介入するということです。

坂井 このまちの歴史を起こしたのは工場だという、時間の価値を重んじるということだと思います。地域が何で成り立っているのか、それが工場だったということですね。

木下 カント[5]が言うように、空間と時間というのは人間に備わったアプリオリなもの。つまり、**時間は人間の存在そのもの**で、そこに場所も絡んでくる。自分がどこで生まれ育ち、その場所とどうかかわってきたのか、その経験そのものがアイデンティティの主体を築いていくんですね。

坂井 最近でこそ、**「つくること」から「育てること」へ**とエリアマネジメント等が言われていますが、日本ではこれまで「育てること」に重きが置かれていませんでした。建築は竣工時が最も美しく、その外側のランドスケープは植えたばかりの小さな木があるだけで貧弱。建築写真のためにわざわざ大きな木を調達して植えたりしたこともあったとか(笑)。ビルト・エンバイロメント[6]をつくるという意味では、竣工がスタート地点の一つのはずなのに、建築はそこで業務が終わり、ランドスケープはそこからスタートする。

5――**イマヌエル・カント**［Immanuel Kant：一七二四―一八〇四年］ドイツの哲学者。『純粋理性批判』『実践理性批判』『判断力批判』を発表し批判哲学を提唱、コペルニクス的転回を主張した。ドイツ古典主義哲学の祖とされ、その影響は西田幾多郎などにも見られる。

6――**ビルト・エンバイロメント**［built environment］建築や都市など人間がつくり出した環境の総体。

マネジメントというクロノデザイン

竹内　ヨーロッパの建物は一〇〇年単位で使い続けられているにもかかわらず、日本ではそれが根付かなかった理由の一つは、古来の災害の多さだと思います。日本の建物も一〇〇年単位とまでは言わないけれど、四〇―五〇年単位では十分使える品質があったのに、**頻繁に大きな地震・火災や洪水が起こって都市全体が被害を受けてきた**から、どうしても寿命が短くなってしまった。それが文化にも影響していると思います。

いまの建築基準法は建物が壊れないことを目指していますが、使い続けられることは保証していません。震度六強の地震によって**中途半端に壊れてしまう**から、結局スクラップされてしまうんです。環境にもよくないし、個人の財産も生活も破壊されてしまいます。

われわれは建物を設計するときに、多少壊れてもすぐリカバリーできるようなレジリエンス（resilience：回復力）を考慮する必要があります。地震や洪水のダメージを受けても、再びそれを使い続けることができるような損傷制御設計や耐水設計を最初から組み込んでおくべきです。

赤松　おっしゃるとおりです。いまは、躯体はなんとか使えても、内部が損傷を受けてしまえば、保険がおりるなら建て替えようと考えてしまいますよね。

竹内　例えば深刻なのは、高層マンションの躯体が中途半端に壊れたときです。直すのか壊すのかで住民間で一〇年ぐらい揉めることになり、その間に価値が下がり、個人の財産が吹っ飛んでしまう。実際に、阪神・淡路大震災でもそういうことが起こっています。

骨格はできるだけ長く使い、外皮は一〇–二〇年、設備は一〇年に一度替えるとか、それぞれのエレメントで違う寿命があるのだから、**異なる更新サイクルをコントロールできるといい**ですね。

赤松　江戸時代の住宅は尺の寸法体系ができていたので、多少崩れても分解して、使える部材は再利用しながら建て直すことができました。建物の寿命は短かったかもしれないけれど、理にかなっていたんですね。

和田　当時の日本人は、木と紙でできた住宅にパーマネントなものを要求していなかったと思うんです。われわれが子どものころもそうですよ、日本人は一世代に一度木造住宅をつくるというDNAが刷り込まれてきたんです。二〇世紀になりコンクリートと鉄とガラスが日本に持ち込まれても、同じことをやっているような気がしますね。日本人の暮らしのDNAから変えなくてはダメですね。

坂井　江戸時代は建物や設備を管理する大家、そして、そこに箪笥（たんす）一つで引っ越してくる店子という、所有と管理、利用を担う層が分かれていたと思うんです。われわれは建築という物的なものの耐久性を問題にしがちですが、**建物のマネジメント体制の柔軟性**についてもっと考える必要があります。

日本でも指定管理者制度[7]やPFI[8]に

7——**指定管理者制度**｜地方自治体の公共施設において、民間法人その他の団体を指定し、その管理運営を代行させる制度。従来の管理委託制度における外部管理は公共的な団体に限定されていたが、民間事業者も対象となる。二〇〇三年より施行。

8——**PFI**［private finance initiative］｜民間資金や経営力を活用し、公共と民間が協力して公共施設を整備する事業方式。

よって、地方自治体が所有している施設の管理運営が民間に委託されるようになりましたが、公民連携の多様な手法や担い手がもっと出てくるべきです。そうなると当然、法制度や保険、責任の所在などがより複雑になってきます。面倒かもしれないけれど、所有、利用、管理、運営という層を複数の主体が担うシステムに対応できる社会をつくることも重要です。地域でいえば役所でもない、個人でもない「**新しい共**」**としてエリアマネジメント**を進めていくことで建築の利用の寿命が延び、それではじめて先まで価値の下がらないエリアになり得るのです。これは時間のマネジメントといえます。

クロノデザインと空間のフレキシビリティ

竹内

構造的に建物の耐用年数を高めることはできますが、機能が変わることによって使いづらくなり、壊されてしまうことがいろいろなところで起こっていますね。いま大学施設の設計もいくつかお手伝いしていますが、オフィスのような大きなオープン空間で自由を持たせる計画が求められます。中廊下の両側が研究室に並んでいるような昔ながらの建物は現在は使いづらいんです。

そこでいま試みているのは、耐震要素はできるだけ外側で負担して、内部はオープンにするというグリッド・スキン・ストラクチャー(外殻構造)です。

赤松　変化するソフトに対して、柔軟に対応していこうということですね。

竹内　そうです。東京工業大学の「緑が丘六号館」（二〇〇二年）はRC構造ですが、一本の独立柱以外の柱や耐震壁はすべて外側に配置しているので、内部はオープンで廊下も自由につくりかえることができます。昔からスケルトン・インフィル[9]といわれていますが、あるプログラムが終われば用途も変わり、講義室だったところが研究室になる可能性もある。そういう時間的な変化に対応するため、構造要素はできるだけ外側に配置しています。

建築家と構造家が協働してファサードデザインに耐震要素を入れて、地震があったら耐震要素だけ取り替える。構造も合理的で内部の柔軟性も保てます。

赤松　学校などを設計していて難しいと思うのは、完全にオープンな場所にしてしまうだけでは、そのアクティビティに対応しきれないということです。スケール感と空間のフレキシビリティをどう設定するかが大切なんだと思います。

竹内　おっしゃるとおりです。いま東京にたくさん建っている一辺一〇〇メートルぐらいある冷蔵庫みたいなビルは、オフィスの空間としてはいいんですが、それを住宅にできるかというと、できない。プランが細長くなり過ぎてしまいます。

いろんな用途に対応できるプランというのは、必ずしも大きければいいというものでは

9——**スケルトン・インフィル**［skeleton-infill］建物の構造躯体であるスケルトン部と内装や設備などのインフィルを分離した構法。スケルトン部は長期間の耐久性、インフィル部は可変性が重視される。

東京工業大学 緑が丘六号館｜二〇一三年［デザインアーキテクト：奥山信一研究室、竹内徹研究室／建築設計：東京工業大学施設運営部、梓設計］

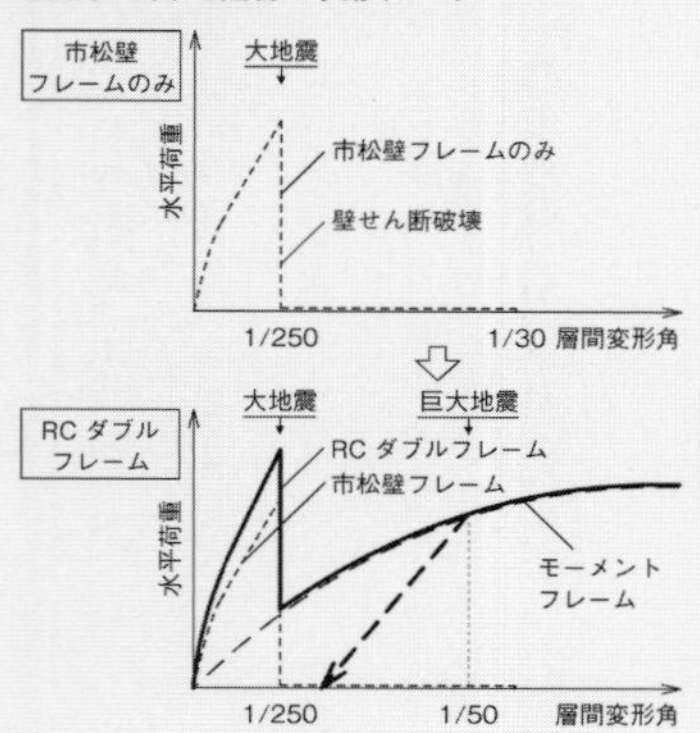

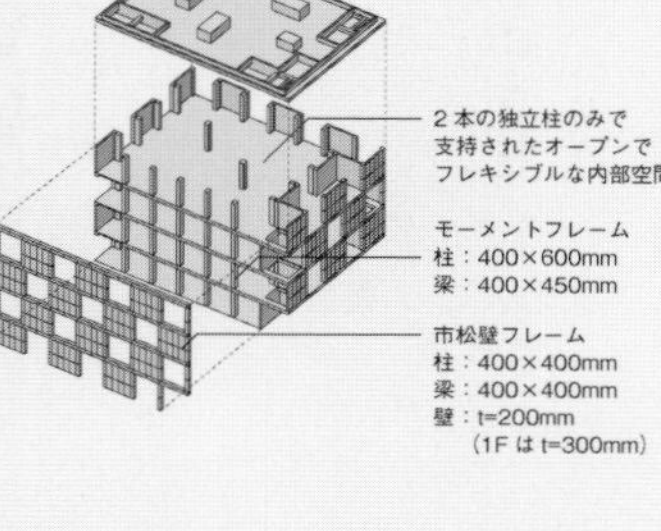

［コラム――1］

変化に対応できる殻（シェルター）をつくる

竹内徹

◎

ディスカッション中に触れた使用用途の変化に耐え得る外殻構造の発想は、もともと自分の研究室のある大学の建物の耐震改修から始まった［写真上］。一九六八年竣工のこの古い建物は耐震性能が不足していたことから居付きのままファサードに地震エネルギー吸収性能と環境調整機能を持つ新しい外皮を張り付けることで耐震改修を行った［写真中］。その設計においては構造エンジニア、環境エンジニアの緊密な協働が不可欠であり、われわれはそれを「統合ファサードエンジニアリング」と名づけた。この手法は大学内の新しい建物を設計する際にも有効であることがわかり、将来の機能変化に対応可能な教育研究施設の展開につながった［写真下］。

◎

だが時間の流れに伴う変化は絶え間なくかつときに不連続である。ディスカッションが行われた二〇二〇年二月から四カ月が経ち本原稿を書いている現在、まだ世界中の多くの人間がコロナウイルスのために家から出られず、オンラインでコミュニケーションを取り合っている。東

写真上―東京工業大学緑が丘一号館（改修前）
写真中―「東京工業大学緑が丘一号館レトロフィット」二〇〇六年［設計：安田幸一研究室、竹内徹研究室、東京工業大学施設運営部］
写真下―「東京工業大学環境エネルギーイノベーション棟」二〇一二年［デザインアーキテクト：塚本由晴研究室、竹内徹研究室、伊原学研究室］

京オリンピックの準備に沸いていた半年前にこのような未来を誰が予想したであろうか！　授業はすべてオンラインとなって教室は不要となり、通学不要で講義の録画が見られるようになった学生の半数以上が教室での授業より現在のほうがよいと回答している。自分でも外部会議の移動時間がなくなり、国際ワークショップの打ち合わせにもハンディなく参加できるようになり、週三日程度の出勤が快適となっている。一年後にはこのウイルスも消滅し、何事もなかったように昔に戻っているのであろうか。

◎

二月にNY在住のイスラエル人ジャーナリストからオンラインインタビューを受けた。彼は「コロナウイルスは多くの人を死に追いやるが、地球環境には間違いなくよい影響を与えている。二酸化炭素排出量はいままでになかったほど削減され、大都市への人口集中も強制的に排除されている。人間が自らできなかったことをウイルスが強制的にやってくれている」と言った。多分ウイルスの脅威が去っても、もうもとに戻るべきではないのであろう。情報伝達はサイバー社会がおもに担うようになり、フィジカルな出会いは人間同士の触れ合いを目的としたものに純化していく。その一方で台風や洪水、地震等の災害はむしろ激しくなってわれわれを襲う。ウイルスと共存しながら密にならずにどのように避難すべきか。感染を防止しながらどのように触れ合える空間をつくるのか。われわれは自ら構築した建物やシステムに守られないと生きていけないか弱い存在である。持ち得る想像力を駆使し不連続に常に変化する環境にしなやかに対応できる殻（シェルター）と空間の構築に知恵を絞りたい。

赤松　ありません。**自由度は必要ですが、あまり大き過ぎても使えない。**時々残念に感じるのは、例えば、設計者ができるだけ自由度の高い空間、工夫次第でさまざまな使い方ができるような空間を提案しても、先生自らが空間をカスタマイズするという方向になかなか向かわず、同じ教室（すべて同じ方位に窓や黒板がある）にしてほしいと言われてしまうことです。でも、先生方と一緒に使い方を考えていくと、「こんなふうにしてもいいんですか」と理解してくださる。いまの日本の教育では、空間をどう使いこなすかといった空間リテラシーを教えるカリキュラムがありません。そこを変えていかないと、根本的な問題は変わらないと思うんです。

まちに広がるクロノデザインの試み

坂井　これは英国のCABE[10]がつくっている冊子ですが［P.032］、建築家のノーマン・フォスター[11]が改修設計した大英博物館の中で、フォスター自らが子どもたちに向けて、この博物館をどう考えて設計したのかを講義する様子がレポートされています。こうしたビルト・エンバイロメント教育はとても大事ですね。**空間のリテラシーが養われないと、建築や景観に対する関心にもつながりません。**

木下　英国では一〇〇年以上前、パトリック・ゲデス[12]の時代からアーバンスタディが始まっていますね。

専門家と学校の先生が組んで、地域単位でビルト・エンバイロメント教育が行われているんです。日本でもこうした環境教育をもっと考えるべきです。

坂井——そうですね。CABEの設立は一九九九年ですが、英国の景観に対する危機感が特に高まったのは八〇年代からです。公共事業に民活を導入するPFIの促進に伴い、その建築の質を担保するための手法が求められていたことも背景の一つです。PFIの目的はコストダウンによる財政負担の軽減ですが、同時に、第三者によるデザインの質のチェックの必要性が指摘されました。

　ビルト・エンバイロメントを構築しているのは、土木、建築、都市計画、ランドスケープですが、CABEの名称からもわかるように特に建築を牽引役として、デザインレビュー|13|やイネーブル|14|、デザイン教育が取り組まれています。

木下——リバプールやグラスゴーのように、かつての工業都市が産業の衰退とともにまちの構成が大き

10——**CABE**［The Commission for Architecture and the Built Environment］｜建築・都市計画に関する助言を行う政府外郭団体として、公共および民間による開発計画のデザインの質を高める仕組みを広めた。二〇一一年、デザイン・カウンシルと合併。

11——**ノーマン・フォスター**［Norman Foster］｜建築家。一九三五年、英国生まれ。イェール大学修士課程修了。一九六七年、フォスター・アソシエイツ（現フォスター・アンド・パートナーズ）設立。おもな作品＝「香港上海銀行」「大英博物館グレート・コート」ほか。

CABEが発行する冊子
『360°』Issue 11（二〇〇六年一二月）

12——**パトリック・ゲデス**［Patrick Geddes：一八五四－一九三二年］｜英国の社会生物学者。生物学、地理学、社会学の視点から都市を有機体とみなした進化論的都市論を提唱。科学的な都市計画技術の必要性を説いた都市計画の先駆者の一人。

13——**デザインレビュー**［design review］｜開発許可申請された計画のうち規模や機能などの視点から地域にとって重要とみなされたプロジェクトに対し、専門の委員らが評価・助言を行うこと。

14——**イネーブル**［enabling］｜良好なデザインによる開発計画を誘導するため、CABEに任命されたイネーブラーが、地方自治体などの公的機関に対して専門的な技術援助を行うこと。

［コラム──2］

空間のデザインと利用管理のデザイン

坂井文

◎

公共空間の再整備によって都市のイメージが劇的に変化し衝撃を覚えたのは、ロンドンのトラファルガースクエアだった。歩行者空間化した道路と広場の空間のデザインだけでない、複数の行政による管理体制の整理による利活用を進める体制づくりという利用と管理のデザインによって実現している。さまざまな文化的なイベントも行われ、インクルーシブデザインを標榜するロンドンの都市文化を発信する舞台ともなっている。こうした広場の再整備による都市再生を、地方都市に展開すべく活動していたのはCABEであった。

◎

同じころ、米国でも一足先に進んでいた公共空間の再生が完成していた。一人で行ってはいけない場所と言われ外から眺めた一九九〇年代初頭のニューヨークのセントラルパーク、二〇世紀末までボストン中心部を分断していた高架高速道路の撤去後のグリーンウェイ、どちらの再生も都市生活を楽しむ場の提供によって都市のイメージが一新された。荒廃した公園や分断された歴史的都市といった、かつての価値が一旦損なわれた場所の再生には、再生を

ロンドンの文化・商業エリアと官公庁の間に位置する「トラファルガースクエア」

生み出すデザインと再生後の育てるデザインの構築があった。

◎ こうした経験は、それまでの公共空間のデザインへの関心から、公共空間の歴史的形成過程の研究を経て、公共空間の再整備の実現とその後の持続可能な発展の仕組みについて考える契機となった。

◎ 不特定多数が自由に利用する広場や公園における、自由な利用と管理や利用マナーは天秤の状態にあって、バランスが崩れると利用されない忌避する場所にまで陥ることを英国や米国は経験していた。しかしこうした広場や公園の再生は、老朽化への対応だけでなく、より快適な都市生活を送るための場を創造する牽引ともなった。それは、人の生活や生産活動のために効率的に構築されてきた都市空間における活動の一部がデジタル空間においても可能になるにつれ、より人の身体や感覚に快適な都市空間の提供による都市生活の享受へのシフトともいえる。

◎ 自由な利用を促しながらも複数の人の都市生活を支える広場や公園は、公共の場でありながら一人になれる個の居場所でもあり、知人や行きずりの他人と言葉を交わす場でもあり、イベントなど不特定多数の人と時間を共有する空間といったさまざまな利用に応える都市空間である。

◎ 一方で都市の成熟とともに「公共」空間はより複雑になっていく。私有の公共の利用に供する公開空地、公共空間の民間整備、管理、運営……多様な主体による所有と管理運営の形態がある。多様化する社会や少子高齢社会に「公共」空間を持続可能に展開していくための、空間のデザインと利用管理のデザインが求められている。こうしたデザインは、「公共」空間の公共性とはどのように考えればよいのだろうか、という問いへの継続的な呼応であり、時間とともに変化する社会との共振ともいえる。

く変化する地域で、どのように対応しているのか興味があります。

坂井 ノッティングハム市のオールドマーケットスクエアは、CABEのイネーブルによって再整備された広場です。CABEはイングリッシュ・ヘリテージ[15]という組織と一緒に、**一〇−二〇年先、一〇〇年先を見据え、歴史を保全しつつ新しいものを入れていこうとしています**。建築、造園、文化、芸術など、複数の分野の専門家が参加して、地域の価値を下げないためのさまざまな活動を行っています。

竹内 造船や鉄鋼といった産業遺産を残しても、高齢化や人口減少によって都市がスラム化していくように思われます。どうやってコミュニティを維持していくのでしょうか。

木下 英国はチャリティ法[16]によってさまざまな団体がありますから、まちが荒廃して犯罪が多い地域であれば、そこで起こっている社会的課題を解決するために、アーティストと組んで新しいビジネスを生んだりしています。

僕の友人は、英国北部のリーズで、ドロップアウトして学校に行かない子どもたちの居場所をつくっています。そういう子どもたちの多くは障害を抱えたりしているので、音楽で表現するようなスキルを磨いていく。それが高卒のレベルに達していると判定されれば、芸術系の大学に行ける。こうした活動が認められ、日本の文化庁に当たるところから、古いチャペルを

15 ── **イングリッシュ・ヘリテージ**［English Heritage］｜英国の歴史的建造物や古代史跡などを保存するために英国政府により設立された組織。二〇一五年、ヒストリック・イングランドとイングリッシュ・ヘリテージ信託（慈善団体）に分割。

16 ── **チャリティ法**［Charities Act］｜チャリティ団体に対する適正かつ有効な資金活用を促すことを目的に制定（一九六〇年）。一六〇一年の公益ユース法が起源といわれる。二〇〇六年改訂では、慈善目的かつ公益的であることが条件として提示された。

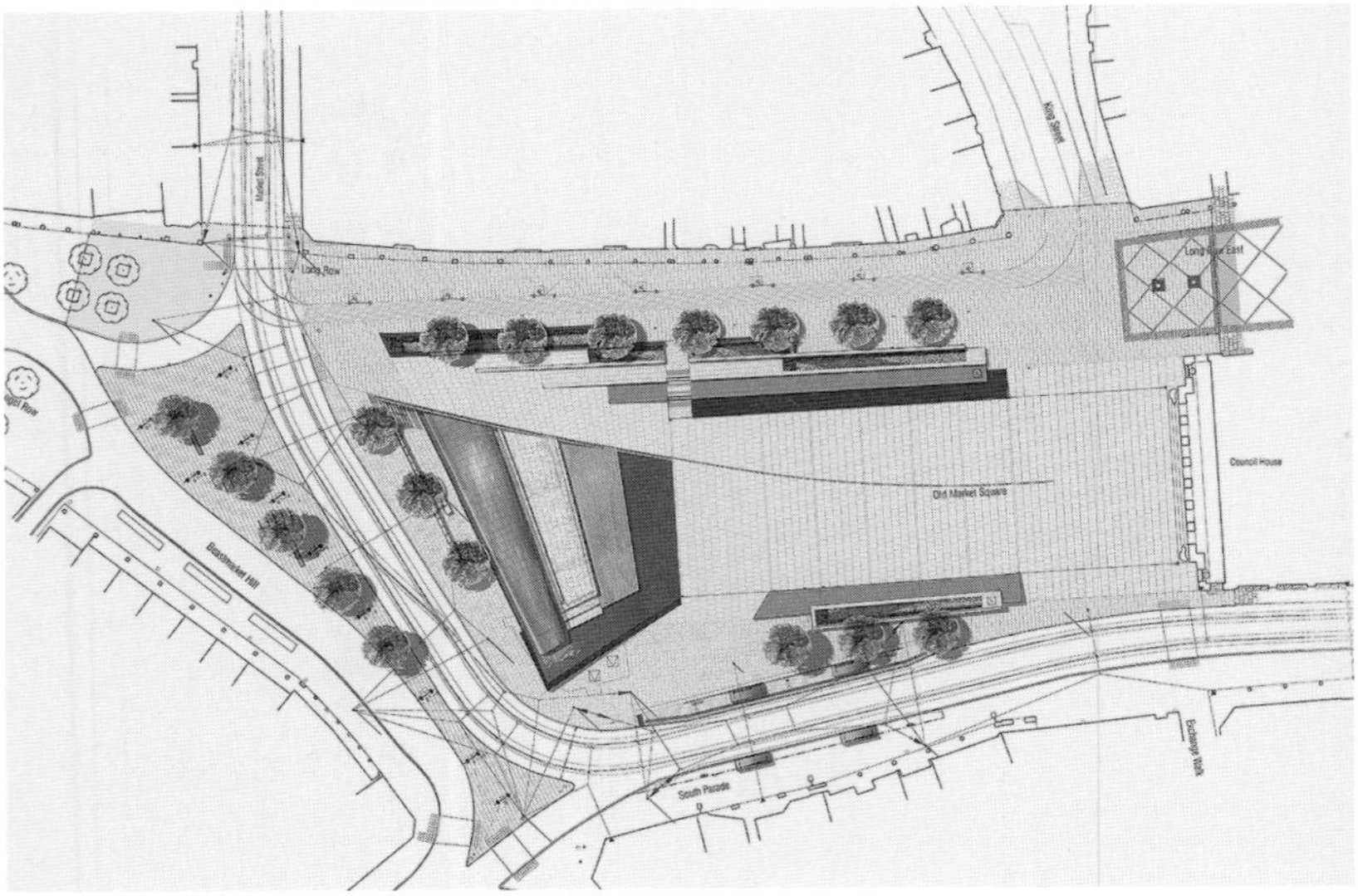

ノッティンガム市のオールドマーケットスクエア｜上：配置図［設計：Gustafson Porter LLP © Gustafson Porter LLP］。下：かつての車道と一体化した広場

提供され、改装資金も受けて、いまやコミュニティセンターになっています。いろんな知恵が集まり、行政もそれを支援するという仕組みがあるんですね。

クロノスに拡張する建築家の職能

竹内——先日、ETHZ[17]のロラン・シュタルダーさん[18]と塚本由晴先生[19]の対談に参加したんですが、「建築家の職能は、建物というハードをつくることから、マネジメントや使い方をデザインする方向にシフトしていくのではないか」という塚本先生に対して、シュタルダーさんは「しかしそれでも建築家はハードのプロとして建物のデザインを手放してはいけない」と応えていました。建築家の職能が地域の活性化やアクティビティのまとめ役みたいなものに拡張していく可能性については、どう思われますか。

赤松——明らかにそうなっていくと思います。もちろん、建築家は、ハードのプロとして建築のデザインをしっかりと引き受ける責任がありますが、そもそも建築の設計手法そのものが多様化してきています。実際、特に若い人たちはその方向性をどんどん広げていますね。ただ、それを業務

17——**ETHZ**［ETH Zurich］｜スイス連邦工科大学チューリッヒ校。

18——**ロラン・シュタルダー**［Laurent Stalder］｜ETHZ建築学部教授。一九七〇年、スイス・ローザンヌ生まれ。おもな著書＝『Hermann Muthesius 1861-1927』『Atelier Bow Wow: A Primer』『Fritz Haller』ほか。

19——**塚本由晴**｜建築家。東京工業大学大学院教授。一九六五年、神奈川県生まれ。東京工業大学工学部建築学科卒業。一九九二年、貝島桃代とアトリエ・ワン設立。一九九四年、東京工業大学博士課程修了。おもな作品＝「ハウス&アトリエ・ワン」「恋する豚研究所」ほか。

としてきちんとした対価が得られているかというと、まだまだ難しい。でもそこをやっていかないと、特に日本の地方都市は成立していかないと思います。学生の興味もそういう方向に向かっていますね。

坂井 人口増加の他のアジア諸国に行けばつくる仕事もたくさんありますが、日本ではつくる以外のところに広げていかないと難しいでしょうね。その意味では教育も変わる必要があるかもしれません。

竹内 一方で、先ほどの意見のように建築家は建物というハードをつくるプロフェッショナルでもあるので、どうやって災害に耐え得るか、設備をどうサスティナブルにしていくのかといったことは放棄してはいけないと思います。

赤松 エンジニアリングをきちんと考えながら計画すること、いろんな地域でまちを組み立てること、ともに必要ですから、建築の教育ももっと多様にならなくては。

坂井 **建築をつくる前と後ろに裾野を広げる**ことが、これまでの教育には欠けていたんだと思います。時間に対するイメージの欠如です。

竹内 都市に高層ビルを設計するとき、三〇年後、景気が悪くなったら上層は減築して下層はこう使うといった、**時間の経過ごとに建築を変化させる**ような提案ができるといいですね。

木下 状況に合わせてつくり直すというのは、面白いですね。一方、建築家ではない人たちでも、生き生きとした建物再生に取り組んでいます。これは、中国・湖南省長沙市の再開発ビル七層ぶんの吹抜け空間に古い街並みを立体的に再現したザリガニ料理店「文和友」です［P.040］。

ここのオーナー兼デザイナーの翁東華さんは、再開発のために五回も移転させられ、そのたびに頑張ってきたんですが、ついに自分たちを追い出したオーナーからビルを買い取り、仲間と一緒に自ら改装したんです。彼らが育った一九八〇年代のレトロな街並みを再現して、これがすごい人気でまちの活性化にも貢献しています。翁さんは建築の専門家ではありませんが、この店舗は国際的なレッド・ドット・デザイン賞[20]を受賞しました。感動したのは、再開発で追い出されてしまうような小さいけれど美味しい豆腐屋さんなども入店させていることです。時間の欠片をちゃんとすくい取っているところがすごい。

竹内　建設費で賃料が高くなって商売が成り立たなくなったりはしないのですか。

木下　彼らはそれが成立するようマネジメントしています。子どもたちは親の店より給料のいい会社に就職する志向が働き後継者もいなかったようなお店でも、ここに入居したら多くの客が入るようになり、いまでは二代目も一緒に働いていたりする。**建築を専門としない人でも、人びとの心をつかむセンスのいい空間と時間を生み出せる**んです。

坂井　経済だけで考えると成り立ちにくいことでも、時間という価値をかけあわせていくことで、多くの人を説得できる価値になり得るということでしょうか。

木下　ええ。**時間の価値を含めた経済のルールがあり得る**ということだと思います。

20——**レッド・ドット・デザイン賞**［red dot design award］｜ノルトライン＝ヴェストファーレン・デザインセンター（ドイツ）が主催する国際的なデザイン賞。

文和友｜古い街区で育った三人組が、ザリガニ料理屋を始め、これまで再開発で何度も移転していたことから、新しい再開発ビルのアトリウムに立体的に古い街並みを再現。まちの古くからの零細個店をテナントに、全体をザリガニ料理店がマネジメントしたモールでいまは観光スポットとなっている

竹内　バブルの時代は三〇年先までそのままのベクトルが続くと思われていたから、大きなものがどんどん建てられていました。でも当然、そのベクトルは曲がるわけで、すべてが無駄になってしまうこともある。そういう経験がありながら、時間の変化を意識しないビジネスがいまだに続けられています。変化をベースにした経済学があってもいいはずですね。そうなれば、建築にはその変化を意識したクロノデザインが求められるはずです。

サイバー空間とストリート

赤松　IoTや人工知能といった技術によって、空間や時間の価値がガラッと変わる可能性はあるのでしょうか。

竹内　いまの若い人は、一人でもあまりさみしくないとよく言います。それは常にＬＩＮＥでつながっているから（笑）。われわれも国際会議などで一度でも面識があればその人となりがわかるから、その後はメールやSNSで十分コミュニケーションが図れているような気になりますね。

これからは**フィジカルな接触と、サイバーな情報接触をバランスさせながらコミュニティを築いていく**ことができると思います。いま環境面では「飛び恥」[21]と言われるくらいですから、飛行機で移動して集まるより、電子ツールを利用してコミュニケーションをとっていくことが求められていくでしょう。そのバランスをうまくアレンジした社会がつくれたら、首都圏に限らず、自分の好きな地域で仕事ができるようになるし、子育てをしながら仕事もできるようになる。そういうことに対応した空間やまちに目を向ける必要があります。

坂井　それと同時に、**われわれは身体を捨てることができません**から、いまおっしゃったフィジカルな接触をまちの中にどれだけつくっていくかも問われるんじゃないでしょうか。それも限られた人間とのコンタクトではなく、思いもよらない人との交流というようなものですね。これを身体的な時間共有と言ってもよいかもしれません。

竹内　最近、英国では誰かとおしゃべりしたい人専用のテーブルを用意したレストランがあるそうですね。リタイアした老人がそこに座ると、話をしたい人がやって来て「どんなお仕事をしていたんですか」「何が得意なんですか」と会話が始まる。そういうアクシデンタルな場所が地域で重宝されているようです。

21──**飛び恥**　「飛行機に乗ることが恥ずかしい」という意味。温暖化対策を訴えるスウェーデンの高校生、グレタ・トゥーンベリが温室効果ガスを多く排出する飛行機を避け、ヨットや鉄道での移動を選択することが共感を呼び、世界に広まった。

［コラム——3］

「生きられる」場所へ

木下 勇

◎

［♬いのち短し 恋せよ乙女〜♩］

黒澤明の映画『生きる』で志村喬演じる主人公の市民課長が死を前にして雪降る中でブランコに揺られながら口ずさむ。机の上に山積みされた書類に押印するだけの仕事をしていた万年課長が、ガンで余命いくばくもないことを告げられる。放蕩を重ねても虚しく、飲み屋で玩具づくりに転職した元部下の女性に「こんなのでもつくっていたら楽しいわよ」と言われた玩具を見て開眼する。職場に復帰し、幹部の無理解やヤクザの脅迫にも屈せず、母親たちが陳情する公園整備を成し遂げる。公園は子どもたちの遊ぶ歓声であふれ、住民は泣いて喜び、彼のお通夜に押しかける。

◎

［ゾウの時間、ネズミの時間］

いのちが短いのはネズミ、ゾウは長い[1]。身体の大きさからか。だが心拍はネズミのほうがはるかに速い。それだけ時間の中を懸命に生きている。身体の小さい子どもは大人よりも心拍が速い。それだけ時間の中で動き回り、細胞の新陳代謝を繰り返し、身体をつくると同時に脳もつくる。ゆえに一年の経過を早く感じる大人と異なり、子ども期は一年が長い（と感じる）。子どもが親から最も多く言われる一番嫌な言葉は「早くしなさい！」だ。

◎

だが、最近、小学校全校生徒への調査で平日の外遊びが皆無という子どもが大都市で八割、農村部でも六割という結果が出た[2]。幼少期から習い事など時間管理された生活が浮かび上がる。『モモ』（M・エンデ）に出てくる時間貯蓄銀行（または時間泥棒）[3]のような「Time is money」化した大人社会の功罪が見える。

[生きられる場所としての道へ]

子どもはよちよち歩きから外に出歩くようになるとき、軒先、庭先、そして道へと踏み出す。道が社会へのデビューとなる。かつては近隣の遊び仲間で遊び、周囲の大人に顔が知られ、好奇心から大人の生活を真似て地域の生活の感覚を養い、成長する。ジェイン・ジェイコブズは子どもが街路にて、数多くの体験から公共に責任を果たす自信を得ていくと言い、その人間関係の網の目の機能が社会関係資本であり、それを壊す都市計画を批判した[4]。

都市計画は速く移動することばかり主眼に置いてきた。日本の道路交通法では道路で「寝そべり、すわり、しやがみ、又は立ちどまつていること」は禁止事項である。「酒に酔つて交通の妨害となるような程度にふらつくこと」までが禁止行為となっている。せめて家路に着く家の前の道ぐらいふらついてもいいではないか。

家の前の道や商店街、それは子どもが社会化する場である。アレグザンダーは『パタン・ランゲージ』の中で「店先学校」など、子どもの学びは学校だけではなく、都市そのものが学びの場という[5]。『時を超えた建設への道』[6]の中で、前述の黒澤映画『生きる』を引用している。人が生きる、生き様を見せ、その記憶を次世代が継承する舞台として道ほどふさわしいものはない。車交通のためだけに管理するお役所思考からは脱却して「ゆっくりと、生きられる場所」を都市に復活することが「持続可能なまちづくり」(SDGs11)に欠かせない。

[註]

1 本川達雄『ゾウの時間、ネズミの時間——サイズの生物学』中公新書、一九九二年。
2 千葉大学木下勇研究室「子どもの遊び実態に関する一連の調査」二〇一八・二〇一九年。
3 M・エンデ、大島かおり訳、岩波書店、一九七六年。
4 J・ジェイコブズ『アメリカ大都市の死と生』山形浩生訳、鹿島出版会、二〇一〇年。
5 C・アレグザンダー、平田翰那訳、鹿島出版会、一九九三年。
6 C・アレグザンダー、平田翰那訳、鹿島出版会、一九八四年。

赤松　私たちは**フィジカルな世界でのコミュニティとサイバーな世界でのコミュニティという二つの世界で生きていく**のでしょうね。でも若い人たちは、サイバーな世界でのコミュニティに強く入り込みつつあるように感じます。

竹内　そうですね。それが主体になっていくと思います。

赤松　情報化の時代を迎え、図書館はなくなるといわれていましたが、いま第四世代、第五世代の図書館のあり方が議論されています。つまり、どんな図書館なのか、は変化していくけれど、図書館そのものはなくならないということです。そこにある情報はコンピュータで見られるかもしれないけれど、空間の中にパッと手に取れる本があり、そこにいる人たちのアクティビティを感じながら勉強する人がいる。図書館のあり方は変わっていくかもしれないけれど、公共の場というのはなくならないと思うんです。

竹内　新発田市庁舎［建築設計：aat＋ヨコミゾマコト建築設計事務所］も、過疎化した市中心部に市民に開放するスペースが設けられたことで、電車通学する高校生のたまり場みたいになっているようです。情報のコミュニケーションはサイバーな世界でできるから、フィジカルな行為がそういうところに集中するのかもしれません。

坂井　最近、パブリックスペースの議論がさかんになっているのは、まちの中でのフィジカルな交流という人本来の身体性に対する危機感があるからでしょうね。

和田　サイバー空間では、くすぐったいとか気持ちいいとか、そういうのは伝わりませんし（笑）。イタ

新発田市庁舎｜二〇一七年［建築設計：aat＋ヨコミゾマコト建築設計事務所］｜上：外観。｜下：多くの学生が放課後に立ち寄る「飯豊ラウンジ」。「ヨリネスしばた」の愛称が示すように、市民の居場所があちこちにちりばめられている

リアなどに行くと、小さなカフェでコーヒーを飲んでいるおじいさんが、「一杯飲まないか」と言ってご馳走してくれたりしますね。中国の道端でも、おばあさんが店の外の椅子に座ってまちや人の流れを眺めていたりします。でもいまの日本では年寄りがまちに出てくることはあまりない。

竹内 昔は日本でも道端や公園で囲碁や将棋をやっているお年寄りもいましたが、最近はいませんね。

木下 子どものころ道で遊んで怒られたり、近隣で助け合ったりする人付き合いというのはやっかいなこともあるけれど、そこから学ぶことがたくさんありますね。

ジェイン・ジェイコブズ[22]が「ストリート」の重要性を言っていますが、人間が育つ過程でそういう網の目の中にいるという社会関係資本(social capital)は、ある意味でセーフティネットにもなっている。クリストファー・アレグザンダー[23]が「店先学校」と言うのも、学校だけが教育の場ではなく、まちの中で働くさまざまな人たちから学ぶことの大切さを認識しているからでしょう。

坂井 **ストリートという空間と時間**を地域のおじさんと子どもがシェアすることで伝わる教育があるということですね。

和田 たしかに、昔は大工さんがノミやカンナで削っているのを横で見ていたりしました。

22――**ジェイン・ジェイコブズ**[Jane Jacobs] 都市活動家、都市研究家、作家(一九一六―二〇〇六年)。アメリカ・ペンシルベニア州生まれ。おもな著書=『アメリカ大都市の死と生』『都市の原理』『壊れゆくアメリカ』ほか。

23――**クリストファー・アレグザンダー**[Christopher Alexander] 建築家。カリフォルニア大学バークレー校名誉教授。一九三六年、オーストリア・ウィーン生まれ。ハーヴァード大学大学院修了。おもな著書=『形の合成に関するノート』『パタン・ランゲージ』ほか。

木下　子どもは、遊びを通して失敗したりしながら、自分の将来を考える。ルイス・カーン[24]もストリートで絵を描いていたら、まちの人が褒めてくれたそうですね。まちの人が彼の才能を見出したことで、彼は建築を志した。「都市とは、その通りを歩いているひとりの少年が、彼がいつの日かなりたいと思うものを感じとれる場所でなくてはならない」(香山壽夫『ルイス・カーンとはだれか』王国社)と彼が言うのは、そういう経験が背景にあるからです。

24――**ルイス・カーン**［Louis Isadore Kahn］｜建築家（一九〇一－七四年）。エストニアに生まれ米国で活動。ペンシルベニア大学卒業後、ポール・クレなどの事務所を経て一九三五年に独立。おもな作品＝「キンベル美術館」「バングラデシュ国会議事堂」ほか。

「空間×時間」をどうやってデザインするか

赤松　情報化によって海辺や山でも仕事ができるようになるという便利な側面がある一方、ネット上では、自分にとって居心地のいい世界で閉じることができるし、自分の好きなものだけにアクセスし情報を収集していくから、どんどんその価値観が先鋭化して、極端な方向に進んでしまうのではないかと、危惧されている一面もありますね。

竹内　定期的にフィジカルなものにアジャストしていかないと、たしかにちょっと危険ですね。

木下　道具がどんどん進化していくなかで、道具に使われない主体性をいかに維持するか。これは哲学的課題ですよ。**道具は便利だけれど、私たちにそれを使いこなす主体性がないと、道具に使われてしまう**。

竹内　オーストラリアのＡＲＵＰ[25]に勤めている教え子が先日帰国したんですが、彼はいま育児中で週二日しか出勤していないそうです。在宅で通常業務ができるシステムができているから、奥さんか彼のどちらかは家にいて育児ができるし、オーストラリアを離れても仕事ができる。働かなくてはならないけれど、子どもと接する時間や親同士の時間も必要です。フィジカルな時間を確保するために、無駄な時間をテクノロジーでどう解決するかが非常に大事になってくると思います。

坂井　そうなると、私たちが提供する空間には、時間をシェアしたいと思わせるような何かがないとダメだとつくづく思います。**「空間×時間」をどうデザインするか**ということです。

竹内　あくまでもツールとしてのIoTがあるということですね。

坂井　そうですね。時間を高度化し、そこでクロスする人、都市、空間をどう構築していくのかということです。

ウェル・ビーイング[26]の議論をするとき、それは個人の健康なのか、都市の健康なのか、地域の健康なのかが問われますが、建築のデザインにつ

25――**ARUP**　一九四六年、エンジニアであり哲学者のオーヴ・アラップ（一八九五―一九八八年）が設立した国際的エンジニアリング・コンサルティング会社。

26――**ウェル・ビーイング**［well-being］　精神的、身体的、社会的に良好な状態にあること。医療や社会福祉の分野で用いられてきた言葉だが、近年ビジネスの分野でも着目され、組織の在り方の目安の一つにもなっている。

いても、**個人の時間、シェアする時間、公共としての時間がクロスする場所が求められる**と思うんです。でもそれはストリートのように、特別にデザインされていない場所でもいい。デザインされた時間、つまりアクションのデザインによって場所性が生まれたりする。すべてデザインする必要はないんです。

木下　ストリートに自動車が入ってくるのをストップしたら、人がそこに出てくるかといったら、そうではない。やはり何かの介入が必要です。**時間と空間になんらかのハプニングをつくっていく**ことで、人が出てくる。

赤松　きっかけがあればいいということですね。

竹内　自然発生的な路地空間を人工的に縦に積み重ねるという試みは、これまでもよく見受けられますが、あまり成功していないように思います。むしろあえてフリーにしておいて、自然発生的なアクティビティを誘発したほうがいいのでは。

赤松　**すべてデザインしてしまうと、舞台装置みたいになってしまう**んではないでしょうか。
　例えば、子どもが一〇〇人いたら全員が気がつくのではなく、一人か二人が「なんとなく気になる」ものがあちこちにあると、それぞれが気に入った場所を選べる。そういったことが空間全体の許容力や多様性、質を担保するのではないでしょうか。すべてが計算され、計画されて、その結果みんなが同じことを感じてしまう空間は、どこかちょっと居心地が悪い。

坂井　これまでの最大公約数的に解いていた公園の設計は画一的でつまらない。でも、南池袋公園

流山市立おおたかの森小・中学校｜二〇一五年［建築設計：小嶋一浩＋赤松佳珠子／CAt］｜上：L字形の壁を基本構造とした教室群を離散的に配置することで、さまざまなアクティビティが見え隠れする。｜下：折戸によって外とつながるオープンスペース

南池袋公園｜にぎわいのあるカフェを併設した「都市のリビング」として生まれ変わった官民協同のプロジェクト。二〇一七年グッドデザイン賞受賞

[P.052]のように個性的なカフェやイベントを仕掛けることで、これまで以上に使う人が増えている場所もありますね。実際にやってみてはじめて、それをいいと思っている人が意外とたくさんいることがわかる。つまり地域や都市に求められている時間の過ごし方がまだまだある。それはマーケティングだけから生まれたものではないんです。

赤松　公共施設も同じような傾向がありますが、いわゆるマンションや商品化住宅は、たくさん売るために、誰もが受け入れられるようなつくり方になり、結局みんな同じプランになってしまう。

それに対して、何か少し違うことをやろうと建築家を入れてデザインしてみても、結局は「デザイナーズマンション」という言語で回収されて、同じカテゴリーにされてしまう。

坂井　一方、英国のタウンハウスは個性がないのに、人間や住まい方はすごく個性的じゃないですか。日本は文房具を買いに行くとものすごく種類があるのに、人生のチョイスは少ない(笑)。

赤松　なぜそうなってしまったのでしょうね。海外に移住して子育てしている友だちに聞くと、日本では「大丈夫。みんな同じだから。あなたもみんなと同じことをやっていれば大丈夫よ」と言われますが、海外では「大丈夫。みんな違うんだから、あなたはあなたでいいのよ」と言われる。それが日本と海外の教育の違いだと言っていました。

坂井　日本では一人ひとりの個性に重きが置かれないぶん、所有するもの、例えば多様な便箋が生まれるのかもしれません。

竹内　それでも、若い人たちは自分のスタイルを大事にしていくようになるんじゃないですか。

赤松　そうなっていきますかね、大丈夫かなあ(笑)。

竹内　一方で、ある特定のコミュニティのなかで均一化する危険性もはらんでいるとは思いませんか。

赤松　そうなんです。異なるコミュニティがネットの世界で確立されていて、それらが融合していかず、お互いに対立してしまったりする。

坂井　そう。人間は一人ひとり異なるという価値観が共有されている社会では、みんなが一緒に一つのものをつくるとき、徹底的に議論しますよね。私が**危惧しているのは、「みな同じだし、わかっている**

［コラム――4］

Humanityと都市・建築の公認化(Officialize)

神吉紀世子

◎空間とHumanityを常に合致できる法則や尺度があるだろうか。例えば、きわめて狭小な住空間が、人権侵害である場合も、居住の尊厳の証明である場合も、両方ある。人の生き方にはそれぞれの尊厳があり、社会のなかで包摂性をともに求めつつ、将来を築いていくこと、と述べるときわめて正論として扱ってもらえそうだが、実際の判断は難しい。手続きを踏んで定めた尺度をないがしろにしてはいけないが、それらがHumanityと矛盾する場合にどうするか。

◎建築・都市関係制度は原則Legalize(合法化)で機能するが、制度を超える在り方を実現するOfficialize(公認化)の体系の存在は必要で、地区スケールのHumanityの観点から細やかに評価すべきいわゆる密集地や旧集落に対して重要と考えている。大胆な公認化の動きは、ここ一〇年、台湾、インドネシア首都圏で登場した。台北大都市圏の縁辺部、かつて花蓮県から移り住んだ人びとが一種の不法占拠で建設した居住地・渓洲部落[1]は、故・延藤安弘氏、台湾大学および居住者の努力で公認された。氏が一生をかけて構築してきた縁側的集住空間が、もともと備わり食と健康を大切にする文化は、目標とされるべき都市の住環境であるとの価値が公式に認められた。ジャカルタでは、現知事が、「都市カンポン(Kampung Kota)」と呼ばれる超高密度集住地を、スラム扱いではなく都市戦略の一つに位置づけ、コミュニティの相互扶助の力、Urban Farmingや廃棄物削減などへの取り組み力や、オランダ植民地時代からすでに都市カンポンが存在していることから歴史的市街地の一種と見る可能性が見直されつつある。前知事時代の二〇一六年に強制撤去が行われた地区の参加型現地再建事業や住環境の再構成には、地域の建築家や都市プランナー等が素早いサポートを立ち上げた。さらに、現在は筆者らも加わり「公認の体系」の在り方を都市カンポンから世界に提唱することを目指している。今般のCOVID-19でも都市カンポンがいち早く自主的感染拡大の抑止に着手した実績が報道されたが[2]、登場しているのはこの強制撤去後の再建活動のリーダーの一人だ。

ジャカルタ前知事時代に一部撤去されたカンポンの例。家の大半を失った世帯もあり、当時から地域の建築家による居住空間確保のアドバイス、市民団体のUrban Farmingサポート等が行われた。川沿いのコリドーはなくなったが、食べられる植物の緑陰を育む居住者主体の再構成が進む

◎

台湾、インドネシアの始めた公認化の体系は、集住の価値ある可能性を内発的に持つことの再評価からなっている。尺度による制度は利益衡量論を安定化させる体系だが、Humanityは現地の価値で決まる。日本でこれが広く行われているのは、重要伝統的建造物群保存地区の建築基準法緩和。筆者も携わったがすでに国内に数十例あり、防災計画を伴うことで運用されてきている。公認化の体系が提唱できれば、伝建地区のような文化財性以外の価値で評価し得る市街地・集落、新市街地にも実現可能なのではないか。

［註］

1｜『JOINT』三一号、トヨタ財団、二〇一九年一〇月、二〇―二二頁。

2｜Krithika Varagur "Indonesia's government was slow to lock down, so its people took charge," *National Geographic*, May 13, 2020.

よね」と思い込む社会です。それでは、このグローバリズムのなかで勝ち抜いていけないと思います。

木下 新しいビジネスチャンスにつながる個々のクリエイティビティまでつぶしてしまったら、日本の経済、将来の発展は望めませんね。

赤松 日本人は決して単一民族ではないはずなのに、有力政治家が「日本は何千年にわたり同じ民族が同じ言語で生きてきた」と発言してしまうように、日本人はみな同じ価値観で生きているという意識がどこかにあるのでしょう。

竹内 できるだけ学生を留学させたり、学内でも海外からの留学生とグループをつくらせたりしたいですね。人生観が違う人たちと触れ合うことで、こういう生き方もあるのかと体感させることが大事だと思うんです。そういうフィジカルなところで攪乱するような仕組みも必要です。

神吉 デザインを統御する諸制度のクリエイティビティ問題が根底にありますよね。同一制度下で特例の存在をなんらかのクリエイティビティを根拠に認めることは、包摂性を持つ価値評価が必須です。しかしその評価説明を十分にできるだけの作業よりも、特例をできるだけなくすほうへ向かいたくなるのが制度管理現場の普通でしょう。

建築、都市・集落の本来的な環境の在り方が、現況のパラダイムに否定されていないか、過酷なほどのエネルギー投入をして特例を実現できるかもしれない現状でよしとするのか、そうではなく、現況制度から連続するかたちで新たなパラダイムにつなげる制度進化にエネルギーを使うか。歴史的市街地・集落で現代建築法制度と付き合いつつ静かに戦ってきましたが、歴史的市街地・集落では、何十年にもわたり多分野の研究者がエネルギーを注いでつくるのではなく育てる、続いていく歴史のなかに新しいものごとを位置づけることに、通常の制度を超えていくことが認められるようになった。特例になるためには、草の根を含めなんらか現地の多大な努力が必須で、クリエイティビティはそこに依存し多大にお世話になっている。これでは状況は不足だと思いますし、「歴史的」の範疇に一般的には認められていない現代建築への対応も不十分ですね。さらには、特異なものではなく現代史を体現する「普通」の建築も価値があるけれども、それを特例的に見ることもいまのところ難しいですね。

将来が予測できないぶん、すごく面白いことにもなりそうだ

赤松 さて、空間と時間をどう融合させていくのかといった視点で、ここまで話を進めてきました。まだまだ続けていきたいところですが、今日の議論を通じてみなさんが何を感じられたのか、最後に一言ずついただきたいと思います。

竹内 これまで建築は変わらないことを前提にしてきたと思うんです。でも、**社会は建築よりも速いス**

［コラム――5］

予測不可能な未来を楽しいものに！

赤松佳珠子

◎二〇二〇年、世界が変容を迫られている。ぼんやりしたゴールに向けて、未知のウイルスの情報を収集・分析、その都度進むべき方向を調整し、走り続けている。昨日まで当たり前だと思っていたことが、一、二週間後には否定され、一カ月後には新しい規範ができている。次々と出てくる新たな情報と現実の間に生じるスピード感のギャップは、コミュニティ、地域、組織、個人……によって大きく違うため、多くの亀裂や混乱が生じ、人びとの間には言いようのないストレスが広がっている。

◎しかし、多くの人が感じているように、その変化は必ずしもマイナスばかりではない。

◎リモートワークでは多くの会社員が通勤地獄から解放され、ほとんどの会議はオンラインで事足りることがわかった。自粛要請によって一時期閑散としていた街にも少しずつ変化が起こり、息をひそめていた飲食店が、テイクアウトを始めた。道路側を全開放し、その店先に近隣のお店と協働してさまざまなお弁当を並べたり、急にオープンカフェのようになった食堂など、人びとのアクティビティが道のあちこちに現れ始めた。

◎六月五日、国土交通省は沿道飲食店等の路上利用に伴う道路占用の緩和を発表した。いままで望まれながらも実現できなかった道路の開放が、コロナ禍の影響で想定外に急速に進むことになったのはもっけの幸いかもしれない（しかし、あくまでも一一月までの暫定措置とされている）。

◎予測不可能な出来事に対して、その時々に最適な解を選びつつときには大幅な方針転換も必要であることを、いままさに多くの人びとが実感している。建築や都市も、ある振れ幅の中の現時点であるのに、（特に建築は）竣工時にすべてを満たしているべきものだとの認識が根強い。しかし、その建築を使う人自身や使い方、社会の価値観、技術など、あらゆることは日々変化し続けていて、建築も常に時間とともに変化しているはずではないか。不確定な出来事を予測しつつ、その変容を受け入れられるような建築の計画フェーズと、使いながらカスタマイズしていく建築の成長フェーズ。本来設計者はその両方にかかわるべきなのだろう。

◎

二〇一九年のスペイン都市計画賞受賞の「バルセロナの歴史的中心地区の土地利用計画」（設計事務所300.000Km/sによる提案）は、リアルな都市活動の膨大なビッグデータをもとに、常に変容し続ける都市をアクティブに描き出した計画立案手法が高い評価を受けた。常に変容するものとしての建築や都市を、みんなで育てながら楽しんでいけるような未来なら、ちょっとくらい予測不可能でもいいんじゃないの？という気分になれるかもしれない。

300.000Km/sはバルセロナの社会人口統計、経済、形態を数値化することで将来の都市像「Barcelona Dynamics」（上）を提案。二〇一六年に発表された「dataWar」（下）では、紛争が進行するウクライナのビッグデータが分析・ビジュアル化されている。二点とも、©300.000Km/s

ピードで変わっていきますから、人間の生活や時間をどうマネジメントしていくのか、常に意識していくことが大切だと感じました。

木下　宮沢賢治は英国に行ったこともないのに、岩手県北上川沿いにある白亜紀の地層を「イギリス海岸」と命名していますが、そういう人類創世以前の世界に目を向ける感性を幼少期から培うことは、人間の成長にとってとても大事なことです。ITに囲まれている現代においても、そういう時間と空間の広がりを想像できるような回路を都市の中につくっていく。そしてこうした感性の発達を促すビルト・エンバイロメント教育がとても大切だと思いました。

坂井　これまでの人口増加に合わせて空間を整備してきたこの国が、いま人口が減っていくなかで、時間という軸で考え直すことはとても意義があると思いました。個人や場所の思い出や経験が蓄積された都市の記憶、そして日々生まれていく新しい記憶をどのように未来に組み込んでいくのかから考えることも重要ではと思いました。

和田　ナポリのポリジポの丘（Posillipo Hill）のいろは坂のような道に沿って建てられている高級住宅では、自分たちより上の土地に立つ家からも海が見えるように、下の土地の人は高い建物は建てない。それが法律で決まっているのかどうかわかりませんが、そういうふうにまちが出来上がっています。

　漢和辞典を調べると「私」の旁（つくり）の「ム」にも「私（わたし）」の意味があります。「ム（わたし）」はもともとわがままなもので、このまま集まっても社会は成り立たない。「八」には抑える意味があり、一人ひとりの「ム」を抑えて、たくさんの人が暮らす平和な社会が成り立つことから、「公（おおやけ）」の文字があります。これに「共（ともに）」をつけたものが「公共」です。でもいまの日本人にはそういう意識が弱い。私の土地だから、法律で許されているんだから何をやってもいい、というような意識は早くなるといいなと思っています。これも空間占有に対する過剰な意識から来ているのだと思います。時間を考えることは、それをほどいていく手段になるのだと思います。

赤松——これまでとは違う方向に進まざるを得ない状況のなかで、多くの人たちが未来に不安を抱えているのだと思います。でも、転換点ともいえる時代は、**将来が予測できないぶん、すごく面白いことにもなりそうだ**、という期待もできます。明るく希望が持てる方向に向けて、みんなで新しいことを考えていきたいですね。

私自身、一〇年前、ここまでスマートフォンが普及し、生活のすべてに入り込んでくるとは想像できていませんでした。一〇—一五年でここまで変わるんです。建築という文化を育てていくことは、時代の流れを考えていくことでもあります。新しい空間、建築、都市、地方の在り方について、今後も議論し続けていきたいですね。

ディスカッション 2

都市をめぐるクロノデザイン

浅見泰司

嘉門雅史

斎尾直子

福井秀夫

南一誠

浅見泰司｜嘉門雅史｜斎尾直子｜福井秀夫｜南 一誠｜オブザーバー――赤松佳珠子＋内藤 廣＋和田 章

都市に「動的ゾーニング」はあり得るか

浅見――今後のデザインのかたちとして、「時間」を対象にする「クロノデザイン」の可能性について議論していこうというのが本書の趣旨です。たしかに、都市というのは、長きにわたって残り、時間とともに少しずつ変わっているものですから、ヴィンテージとでもいいますか、時間が経つことでよくなっていくデザインが必要です。そこでまず、都市構造とクロノデザインに向けた議論を進めていきたいと思います。

嘉門――ではまず私から口火を切りたいと思います。

総務省の統計では、少子高齢化によってわが国の人口減少が進んでいくと、**二〇四〇年には三〇―四〇パーセントの集落が消滅する**といわれています（出典：総務省「自治体戦略二〇四〇構想研究会第一次・第二次報告」二〇一八年）。人口も大きな動的状態にあると思います。つまり時間をどのようにプログラミングするかが求められているのです。そのなかで、地方の中核都市が今後生き残っていくためには、**コンパクトシティ化が非常に有効**なのではないかと私は考えています。

コンパクトシティというのは、一九七〇年代の欧州における都市・環境政策のなかで始まった考え方です。人びとは都市に住み、郊外で農業が大規模に経営されていた欧州では、郊外へ住民が大量に流出したことで、都市が立ち行かなくなった。そこで都市をコンパクトにするための施策が進められました。

一方、日本の場合、江戸時代から農村部に集落が存在してきたので、そうした**自然を活かして集落と環境を守る**という視点を取り入れたうえでコンパクトシティを考えようとしています。「コンパクト・エコ政策」と言われていますが、欧米とは違うかたちで都市の効率化、人口の集中化を図ろうとしているんです。

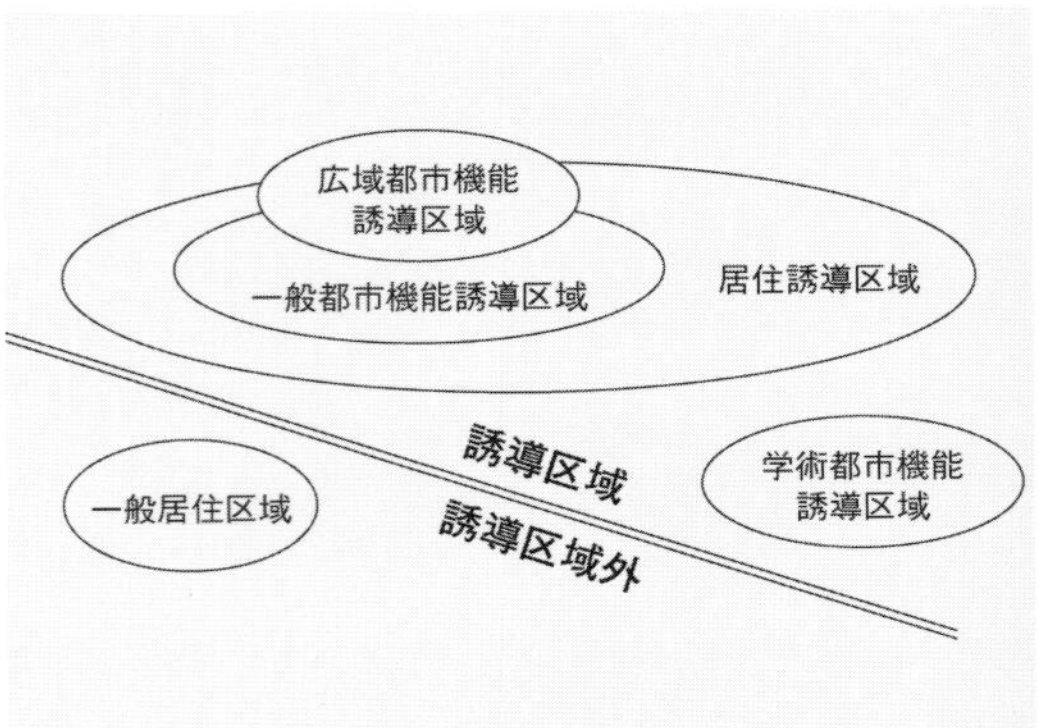

浅見　具体的な動きとしては？

コンパクトシティの様相

広域都市機能誘導区域
一般都市機能誘導区域
居住誘導区域
誘導区域
誘導区域外
一般居住区域
学術都市機能誘導区域

嘉門——いま国土交通省は、都市機能を充実させ居住を誘導する政策によって、地域をコンパクト化し交通のネットワーク化を図ろうとしています（立地適正化計画）[1]。非常にいい試みだと思いますが、政策的に誘導しても、人びとの資産移動はそうスムーズには進まないでしょう。都市計画とかみ合わせたうえで適正配置を進めていく必要があります。消滅の危機が迫っている中核都市周辺の市町村が連携することによって機能分担を図り、地域全体として整備して生き残っていく。これは時間のマネジメントともいえます。

トヨタをはじめとした自動車産業では、いまＣＡＳＥ（ケース）[2]という考え方でのモデル都市が提案されています。地方都市にとても効果的な計画だと思いますが、イニシャルコストが高くてしばらくはなかなか取り入れられないでしょう。しかし、シェアリング・サービスやオートノマス（自動運転）といった技術が進めば、コストは格段に安くなっていく可能性はあります。富山市のように、レール系の社会資本で再開発をしているところもありますが、オートノマスによる移動性は非常に高いので、ＣＡＳＥといった手段は、地方の中核都市のコンパクト化やネットワーク形成に貢献するのではないでしょうか。

こうしたもろもろの手段を、急変しつつある動的な人口動態に対して、プライオリティを持たせてどのようにプログラムしていくかが、より重要になってくると思います。

1——**立地適正化計画**｜都市全体の観点から居住機能や医療、福祉、商業、公共交通などさまざまな都市機能の誘導により作成されるマスタープラン。おもに市町村が策定を担う。

2——**CASE**［Connected-Autonomous-Shared & Service-Electric］｜「connectability（接続性）」「autonomous（自動運転）」「shared & Services（シェア&サービス）」「Electric（電気自動車）」という次世代技術を示す造語。変革期を迎える自動車業界において、各社その対応が急がれている。

浅見――昔は成熟した都市を想定し、そこに向けて都市計画を立てればよかった。しかし人口が減少する社会では、都市はどんどんシュリンクしていくので、まるで「**ゴールポストが常に動く**」**かのように、最終像というものが定まらない**状況にあります。いまの都市計画はそういうパラダイムのもとでの仕組みになっていないのです。
　ではどうしたらいいか。例えば**用途地域を定める場合も、時間とともに変化する**――まさに「クロノデザイン」ですが――そういうものをゾーニングとして用意して適用するということが必要だと思うんです。でもいまはそれを実行するツールがありません。固定化した従来の市街地のイメージに対して、「**動的ゾーニング**」**とでもいうような考え方**が必要なのだと思っています。

都市の価値評価とクロノデザイン

福井――都市デザインを考えるとき、景観や環境の外部性が大きな要素だと思います。ここで言う外部性とは、例えば公園をつくるときの発注者・受注者という公園造成・管理の当事者ではなく、利用者など周辺の人たちに及ぼす利益や不利益のことです。
　デザインや環境の価値は、当事者以外の人びとにどこまで及ぶのか。身近な例で言えば、環境価値の外部性に着目した対策としては、ブロック塀を撤去して生垣を設置するといく

[コラム 6]

動的プランニング

浅見泰司

◎ 都市は常に移り変わっている。その変化は、人びとの活動による。人びとの活動はなんらかのかたちで不可逆的な足跡を残し、かかわる人びと自身も時間とともに成長し老いていくという意味で、不可逆的な変化をしている。つまり、都市は動的なものである。その都市を計画する場合も、本来的に動的プランニングでなければならない。

◎ 都市計画では、PDCAサイクルの重要性がしばしば指摘されてきた。PDCAサイクルとは、Plan-Do-Check-Actの頭文字であり、計画し、実行し、その結果を評価し、問題点を改善するという一連のサイクルを回していくべきであるという考え方である。簡単に言えば、不断に問題を調べてそれを改善していくべきことを指摘するものである。ある意味で当たり前ではあるのだが、不断にCheck、つまり評価を怠らないことを忘れてはいけないということなのである。

◎ 都市計画では、おおむね五年に一度、都市計画基礎調査を行い、計画を見直すことになっている。よって、五年ごとにPDCAサイクルを回すことになる。しかし、現実には大きな問題がなければ、そのまま後進の計画に引き継がれてしまう。ある意味で、ほころびを繕う計画になりがちで、いわば「守り」のプランニングとも言える。五年間はさほど変わらないことを前提にした静的なプランニングとも言える。変化のスピードが速い都市を計画していくには、五年サイクルでは長過ぎる。

◎ むしろ、次の計画まで一定期間待つのではなく、連続的にモニタリングし、タイムリーに対処する必要があり、また、問題を見つけるだけでなく、将来の戦略を立てて、proactiveな

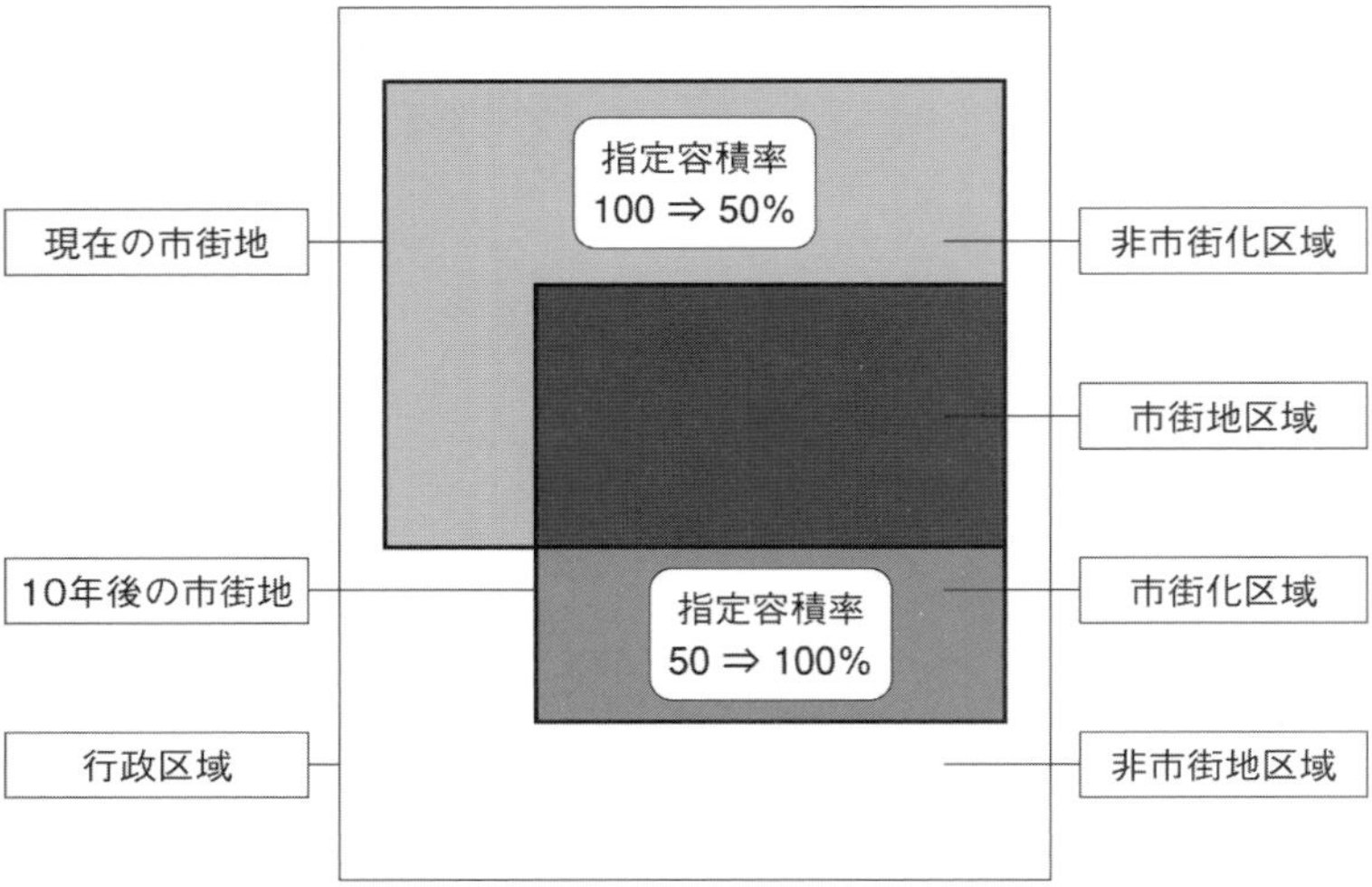

動的プランニングの概念図

現在の市街地
10年後の市街地
行政区域
指定容積率 100 ⇒ 50%
指定容積率 50 ⇒ 100%
非市街化区域
市街地区域
市街化区域
非市街地区域

発展計画を立案し実行していくことが重要になってきている。まちおこしにおいては、いままであるものを守るのではなく、新たな価値をつくり出していく必要がある。つまり、PDCAのPlanにおいて、より積極的な構想、つまり「攻め」のプランニングが期待されているのである。

◎
先進的な自治体や地区では、このような「攻め」のプランニングがなされている。長期的な展望を描き、そこからバックキャスティングで今後の計画のあり方を見通し、必要な施策を実施していく。その際に、必要な計画は時間軸を明確に打ち出した動的なプランニングである。

◎
そのための、プランニングツールは、動的な地区の状況や活動状況をマネジメントするものでなければならない。地区指定の内容や地区の範囲自体も動的である必要がある。このような動的プランニングツールの整備が急がれる。

らか自治体が補助するという類いのものがあります。生垣の緑によって、通行人や近所の人も快適で心が安らぐとされているわけですが、その距離によって受ける恩恵の程度は違います。たしかに、自分の家の前がブロック塀から緑の生垣になると明確だけれど、通行人や離れた居住地の人びとがどれほど快適だと思っているのかは、微妙です。本来は計測できるといいのだけれど、これがなかなか具体的で客観的な数値に表しにくい。また生垣の剪定など管理の善し悪しによっても価値は大きく異なってきます。ここに環境価値の評価の難しさがある。

浅見 価値評価できないと行政的な施策にはなりにくいということですね。

福井 はい。都市計画・建築規制、生垣助成のような補助金など、環境価値の政策的規制誘導手段はいろいろありますが、そのまち全体の価値向上につながる外部性をどのように把握し、それに無駄のない内部化対策を講じることを、政策として体系化していくことが重要です。これを、デザインという切り口から原理原則として明示し、**できるだけ長持ちするデザインや環境を確保することが、政府や自治体のこれからの大きな役割**だと思うんです。

しかし、いまの法令はデザイン規律として過不足だらけです。私も裁判にかかわりましたが、国立マンション訴訟[3]では、一橋大学の周辺の高さ二〇メートルの並木道周辺に、二〇メートルを超える高さのマンションを建設することは許されない、という私法[4]上の景観権が成立している

3――**国立マンション訴訟**　一九九九年、国立市の大学通り沿いで計画された高層マンション建設は景観を損なうとする住民の要請に応じ、市は地区計画区域内の建物高さを制限する条例を施行。住民らが事業者を相手に上層階撤去と慰謝料を請求。一審では景観利益が認められ制限高さを超える部分の撤去が命じられる。最高裁まで争われたが、条例施行は着工後であり建築基準法違反なしと原告敗訴。国立市は損害賠償金の支払いを命じられた。

東京都国立市の通称「大学通り」沿いに建設された高層マンション　この建設をめぐり反対住民が事業者に対して建築物撤去を請求。複数回の裁判で争われた（国立マンション訴訟）

かどうかが争われました。私は、当事者の紛争の合理的な解決を規律する私法ではなく外部性規律に関する都市計画・建築規制などの公法で対応すべきである、という立場から高裁に意見書を出して、その趣旨が容れられて最高裁でも確定しました。私法紛争は、個別当事者の紛争解決の道具ですから、基準として普遍化することは難しい。だからこそ公法による土地利用規制などが重要性を持つのですが、環境規律の詳細を決める地区計画[5]その他の規制一般には、環境価値を適切に向上させる規範として、法令・条例にもとづく原理原則が必要だと思います。

浅見 やはり前提条件が明確でないと難しいんでしょうね。

福井 私法紛争だと、不法行為法の領域なので、差止め請求にしても、損害賠償請求にしても、受忍限度を超えるかどうかという主観的基準しかなく、裁判官の胸三寸で決まってしまう。裁判上の担保は重要ですが、いまの司法制度のもとでは、個別紛争処理の集積としての土地利用の姿は、かえってかなり無秩序になってしまうのです。裁判官の価値観ではなく、科学的な根拠にもとづいてデザインの規律を決める。決めたらぶれずに客観的根拠のない行政の恣意的裁量が入り込む余地なく運用することを行政に義務づけ、行政訴訟でもその厳格な担保を裁判官にきちんと要求する、という仕組みが必要です。

4——**私法** 民法や商法など、私人相互の利害関係を規定した法の総称。

5——**地区計画** 建築物の形態や公共施設などの配置から、それぞれの区域の特性にふさわしい良好な環境の街区を整備し保全するための計画。一九八〇年、都市計画法および建築基準法の一部を改正する法律により導入された。

都市計画や建築規制の前提となる重要な要素として、デザインをきちんと明記し、できるだけ特定の主観の混入しない統一的尺度をもってデザイン評価の客観的基準を策定し、悪いデザインはできれば遠慮いただく。そういう一気通貫の政策の方向性が必要です。

二つ目の論点として「性能規定化」についてお話ししたいと思います。用途や高さ、日影、容積率、建ぺい率など、いわゆる集団規定と呼ばれている建築基準法の領域は、ほとんどが何メートル以下とか何パーセント以下といった腰だめの数値で決めている。容積率にしても、住宅地は一〇〇や一五〇、商業地は二〇〇から四〇〇パーセントといった相場観で定められています。**数値の原理的根拠はあまり明らかになっていない**。違反すれば、違法建築として除却命令などの対象になるだけに、規制が絶対という建前のもとで、空間価値を厳格に制限している尺度である集団規定も、所詮人が決めたものです。しかも、ほとんど科学的知見にもとづく根拠が備わっていません。いまの制度は時代遅れで社会の実態に合っておらず、外部性という客観的指標に基礎を持つきめ細かな基準が必要です。

すなわち、例えば、用途規制は、臭気、騒音、交通の危険などの発生源となる工場と、静謐で安全な環境を必要とする住宅とは、相互干渉がないように用途純化を旨として、専用地域を設ける建前です。しかし、昨今はハイテク工場などの多くは、騒音、臭気、トラック往来などとは無縁で環境価値や安全性に関して、何の負の外部性も持たないものです。これを、旧来型の、工場は危険でうるさい、といった思い込みのままの類型に閉じ込めて土地利用の柔軟性を損なう理由はありません。

一方で、用途規制上、住宅地で無条件に立地できる保育園や小学校などは、新規立地に際して、最近騒音等を理由に猛烈な反対運動が周辺住民から巻き起こることが増えています。二分法の用途純化こそが外部性対策だ、という思い込みの強い旧来型基準は、実は最近の社会経済動向と大きく乖離してきているのです。

だとしたら、「用途」などで機械的に立地規制をするのでなく、「騒音」「臭気」「交通危険」などの、負の外部性のそれぞれの諸要素ごとに基準を設定して、それぞれごとの「性能」を、規制や課金でコントロールするほうが、よほど環境も安全もより高い水準で守ることができるはずです。これが性能規定の考え方であり、デザインの価値に関しても、この考え方が当てはまります。

また、日本の都市は、戦後高度成長期に、農地を五月雨式に侵食するかたちでスプロールしてきたから、農地に入り組んで農業とは関係のない利害当事者たちの集落が大量に発生してしまいました。スプロール対策として一九六七年に導入されたのが、「線引き」で、市街化調整区域と市街化区域の間に線引きをして、「調整区域に建ててはダメ」と制限したわけですが、あとから行うのには政治的にあまりにも無理がありました。結果として、市街化区域の面積は、本来想定していたよりもはるかに広がってしまったのです。

つまり、計画や、公法的外部性統制政策が後追いになったために、早い者勝ちの私権が優先されて、線引きや、都市計画は、規範たる空間的な計画としては順調に成り立ってこなかったといえます。そもそも市街化調整区域の線引きは、下水道、道路、周辺の学校、病院などのインフラ整備に要する財政負担を抑制するため、という卑近な理由で導入されたものですが、実際には、インフラ整備財源は、都市計画税が特定目的で使われるわけでもなく、どんぶり勘定で可視化されていない。フリーライドしやすいように負担の仕組みが設計されているのです。これでは実効性があがるわけがない。集落やコミュニティといった、受益のはっきりした、もう少し閉じた受益者サークルでインフラを直接財政負担するような仕組みにすれば、調整区域といった極端に厳格な規制を存続する理由は消滅します。財政上の理由からは、どこで何をつくってもかまわない、と割り切れるし、土地利用のフレキシビリティが生まれます。そのなかで、より長持ちして社会的な効用を増大させるような、空間的な制約や創造も、時間的なビジョンも、自律的に生じてくるはずです。

浅見 現在の仕様規定の考え方というのは、基準に対してイエス・ノーをすぐ判断できるから、大量に建築物が発生するような状況では有効な方法だと思います。しかし、きめ細かくやるという意味においては、非常に悪い仕組みですね。

市街地が成熟化して、それほど大量な建築需要が起きない状態であるとすれば、福井先生がおっしゃるように、もう少しきめ細かい方向にシフトするのが本来の規制の在り方だと思います。そういった意味で、性能規定化というかたちで、その場に合ったものを周辺への影響を考えながら適切に誘導していくべきでしょう。

南──東京に住んでいる者として、東京の都市構造が果たしてこれでいいのかは、日常的に感じている問題です。私は先ほど話題になった国立市に住んでいますが、人口は微増しているものの高齢化は確実に進んでいます。都心まで二時間近くかかりますから、通勤するには相当きつい。都心に住みたい方が増え、郊外住宅地の魅力が下がってきているので、東京の三鷹市以西の中古マンションの価格は下がってきています。

都市計画の将来像、ゴールポストが移動するという話がありましたが、**住宅地でゴールポストが移動すると困ります**。国立市に昔から住んでいる住民は、ゆったりした敷地の住宅地というイメージを持っていますので、変わっていく状況に対して違和感がある。住宅地なので時間の流れが都心とは違ってゆっくりしている。マンション建設に伴う紛争は、景観の問題だけではなく、変化のスピードにも抵抗感があるのだと思います。

住環境を保全するため、市民の時間感覚に合った制度整備が必要ではないでしょうか。残すものと変化してもいいところを峻別し、その基準を整備する。変わっていくスピード感も、都心と郊外住宅地では違ってしかるべきです。

浅見──時間の変化をなるべくゆっくりさせて、住宅地として維持していくというのは、ある意味で「クロノデザイン」だと思うのですが、そのためにも福井先生がおっしゃっていたように、地区計画に代表されるようなよって立つルールの基盤が必要ですね。さらに、住民の努力も求められると思います。危機が起きてはじめて危機感を抱く人が大半ですからね。

南――そうですね。問題が起こりそうなエリアに住んでいる人たちも、なかなか動き出さないというのが現実です。

内藤――でも、この一〇年でそれも劇的に変化するんじゃないでしょうか。団塊の世代が本格的にリタイアしたときに、保持しようと思っても保持できない頸木(くびき)が出てきます。そのとき、どういう方向に向かっていくのか、そのための時間的な読みとプログラムが大事になります。一方で、地区計画が必要だといっても、五〇年ぐらい先までの大きな合意やプログラムができていない以上、いま決めてしまうと未来を固定化し過ぎる計画もあるはずです。この状況に対処するには、「動的ゾーニング」という考え方はきわめて有効なのではないかと思います。

不寛容な都市空間

斎尾――例えば近年、各地で保育所の建設に反対する運動が起こりました。現代の都市空間は、**子どもと子育て中の親にとって不寛容な社会**になっている。一方で、**高齢者のための施設にはとても寛容**なのです。建設反対・苦情に関連する新聞記事を分析したところ、一九九〇年前後に高齢者施設建設反対のピークがありましたが、その後は寛容になっている。それは、みなさんが高齢者になったことも一つの要因だと思うのです。

浅見　自分ごとになった(笑)。

斎尾　ええ。高齢化が進行し、身近な機能であれば、その必要性を実感できるということかもしれません。保育所の建設反対のピークは二回あるのですが、最初のピークは七〇年代です。当時は専業主婦が多く、子どもを保育園に預けることに対する理解の低さが要因だと考えられます。そして近年、二〇一〇年代、二度目のピークを迎えます。小さい子どもが家にいない家族が多くなり、子どものことが理解できなくなってきている。かつては自分も子どもであったし、子育てを経験したことも忘れてしまっているのかもしれません。小中学校に対しても騒音クレームなど、世間は冷たいですね。

また、**この一〇年間で、公立の小学校は約二六〇〇校、中学校は約六八〇校ほど学校数が減少しています**[6]。学校って、こんなになくしていいものなのでしょうか。一方で、タワーマンションが新築されるような地域では、児童・生徒数が予測できず、新設校でも校庭にプレファブ校舎を建てざるを得なかったり、一〇年間限定の小学校を開校したりと、自治体は苦労してなんとかしのいでいる。

高度経済成長期、一九六〇―七〇年代に建設された多くの公立小中学校が築五〇年を超え、全国の多くの自治体で建て替え計画が進んでいます。一時に進めると、前回と同様に最低基準単価の学校が再び大量建設されてしまう。現場は現況の対応に精一杯で、時間軸で

6――文部科学省「学校基本調査」平成二〇年度と平成三〇年度の公立小中学校数より算出。

見直されていない課題の一つです。子どもの活動領域はヒューマンスケールなので、地域的な問題とのバランスの取り方は非常に難しいです。

南　小学校は、公共と住民との関係を象徴する施設だと思います。京都では、近代教育制度が始まる前の明治二（一八六九）年、地域住民の資力によって番組小学校が設立されています。**住民自らお金を出していますから、小学校に盛り込まれた機能も実に多様です**。交番があったり、行政の窓口、消防署の機能、地域の公民館的な機能もあったりと、いまで言う総合庁舎化していた。地域のニーズをきちんと盛り込んでいるんです。さらに「小学校会社」という組織をつくり自ら運営していた。

こうした先人に比べると、**現代人は公に頼り過ぎている**。これからは地域の人たちも要望を出すだけではなく、自らも応分の負担をして、公共施設を維持していかないといけないと思います。

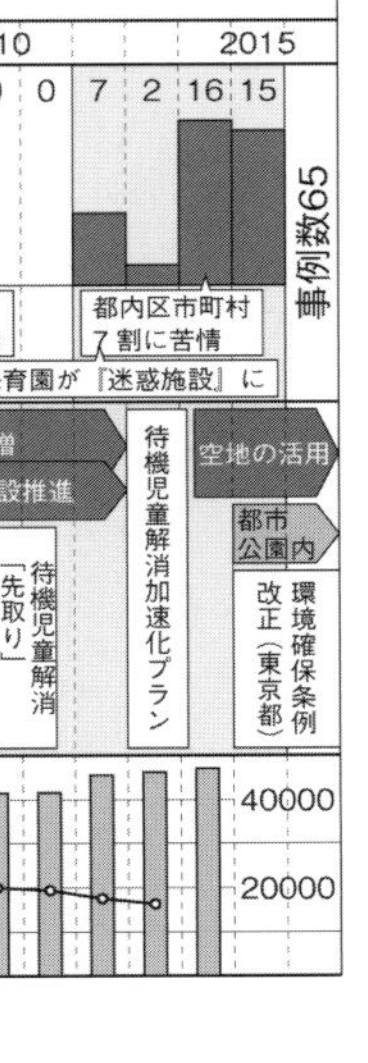
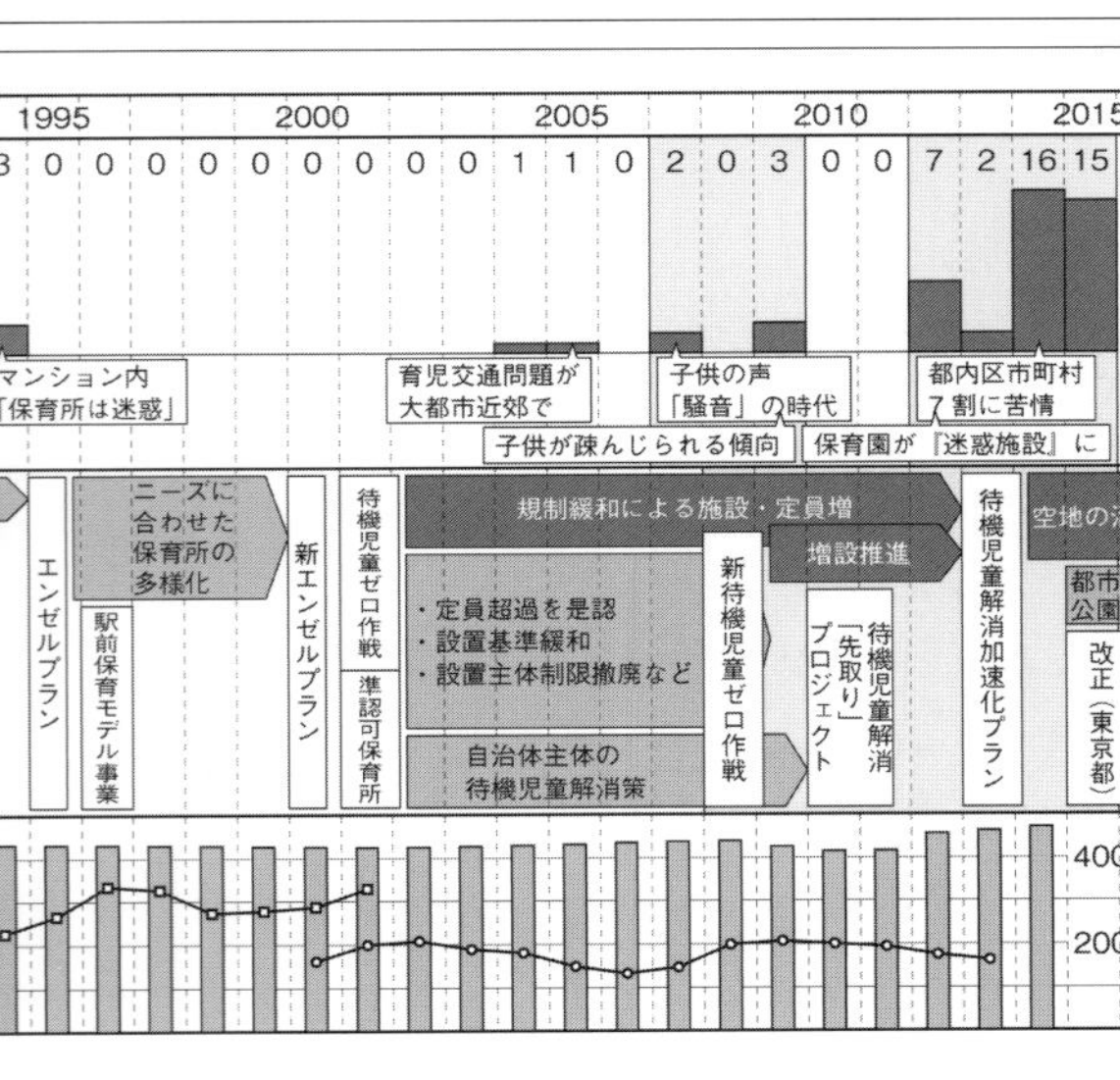

保育所への建設反対・苦情に関する新聞記事数・事例・内容
- 記事数は朝日・毎日・読売（全国版／地域版）記事データベースよりカウントし作成
- 記事内容は調査から得た六五件の記事から抜粋
- 施設数は厚生労働省社会福祉施設等調査、待機児童数は内閣府「子供・若者白書」より。

（出典：藤田悠、斎尾直子「老人ホーム・保育所に対する社会意識の変遷と課題——建設反対事例の新聞記事記載内容と立地周辺環境の分析」『日本建築学会計画系論文集』八二巻七三三号、二〇一七年三月、六九七—七〇三頁）

赤松　小学校にグラウンドや体育館、プールをセットで用意することが、もはや無理になってきています。地域のプールがあればそこに行けばいい。地域の施設と複合化しながら地域住民も一緒に使うという方向にシフトしている自治体もありますね。

内藤　コミュニティということでは、どのくらいの単位が適切なのかという問題があります。小中学校の学区とよくいわれますが、昨今の自然災害の頻発を踏まえると、**「防災」という視点でコミュニティのサイズを決める**ことで、自律的な学校や地域づくりを進めていく可能性はあるかもしれません。

斎尾　大学キャンパスに目を向けると、都心回帰傾向が続いてきました。東京二三区内への回帰はそろそろ終わり、飽和状態になりつつあります。一方で、大学に撤退されてしまった地方都市はどうなるのでしょう。土地を用意し、インフラを整備し、大学を誘致したにもかかわらず、十数年後には移転してしまうという現象。一気に若い人口が大量に出ていってしまう。大学キャンパスの移転は、

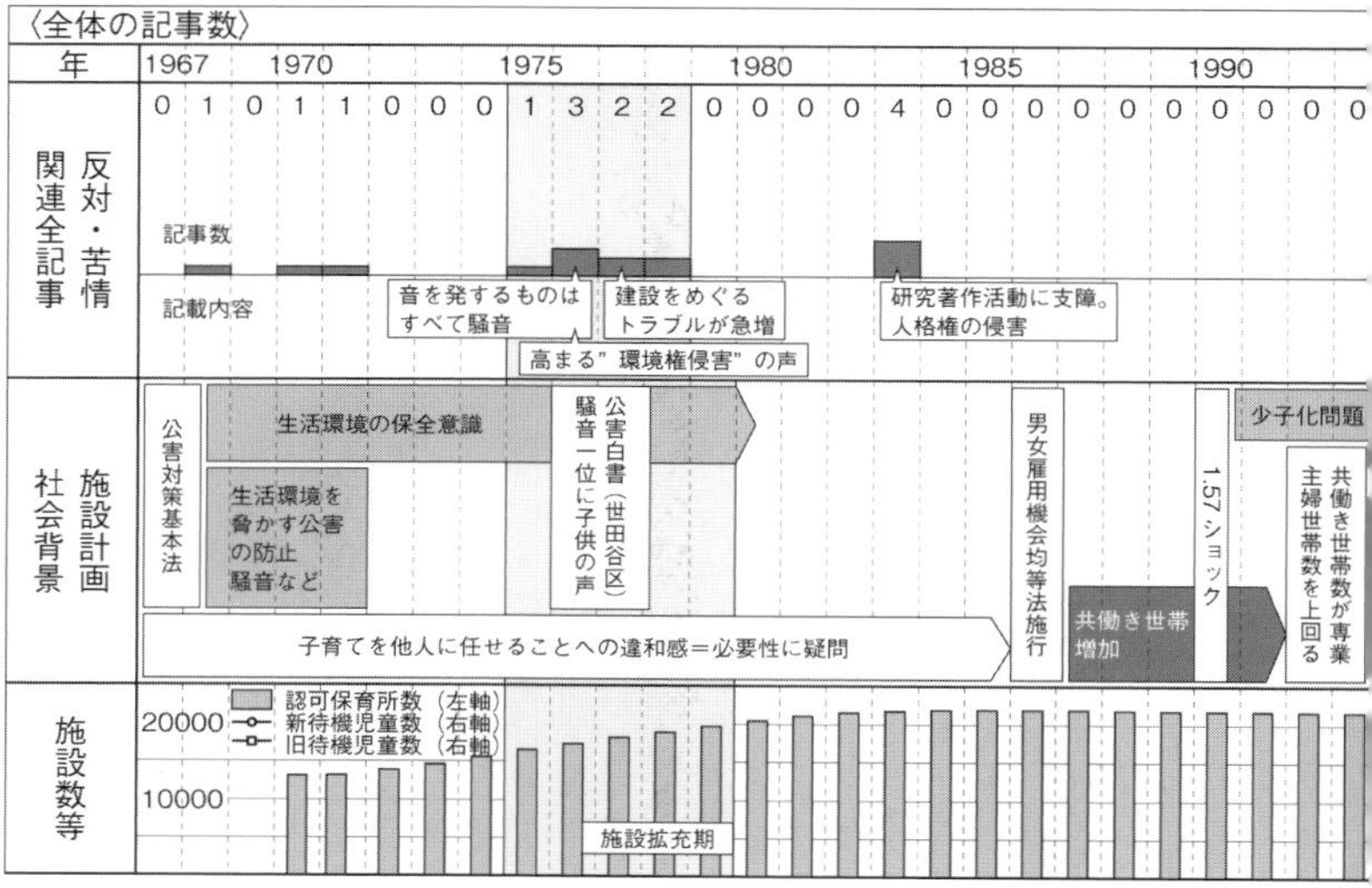

〈全体の記事数〉

年	1967			1970					1975					1980					1985					1990		
反対・苦情関連全記事	0	1	0	1	1	0	0	0	1	3	2	2	0	0	0	0	4	0	0	0	0	0	0	0	0	0

反対・苦情関連全記事
記事数
記載内容
音を発するものはすべて騒音
建設をめぐるトラブルが急増
高まる"環境権侵害"の声
研究著作活動に支障。人格権の侵害

施設計画社会背景
公害対策基本法
生活環境の保全意識
生活環境を脅かす公害の防止　騒音など
公害白書（世田谷区）騒音一位に子供の声
子育てを他人に任せることへの違和感＝必要性に疑問
男女雇用機会均等法施行
共働き世帯増加
1.57ショック
少子化問題
共働き世帯数が専業主婦世帯数を上回る

施設数等
認可保育所数（左軸）
新待機児童数（右軸）
旧待機児童数（右軸）
20000
10000
施設拡充期

数百、数千、数万という人口の移動に伴って、**空間やエネルギー、まちのにぎわいなど、すべてが動いていく**のです。時間軸で見ると場当たり的といわれても仕方ないようなちぐはぐなことが起きています。

これは、アメリカのポートランド州立大学における大学地区の空間概念図ですが、公道や大学以外の用途の街区も含めて低層部をシームレスにつなぎ、地区全体に大学の機能がちりばめられています。建築や大学キャンパスのデザインを超えて、都市のフレームワークプランとして、大学と自治体の協働関係のなかで実際に動いている。これはクロノデザインの一つの事例といえるかもしれません。残念ながら、日本では大学キャンパスと都市がここまで融合した事例は見られません。大学を誘致、新設してから数十年の間に、大学と自治体の協働体制が築かれ、ともに成熟していくことができれば、撤退は回避できたかもしれません。

ポートランド州立大学フレームワークプランによる都市とキャンパス低層部における空間づくり概念図
(出典：Portland State University, *University District Framework Plan*, 2010)
Courtesy of Sasaki.

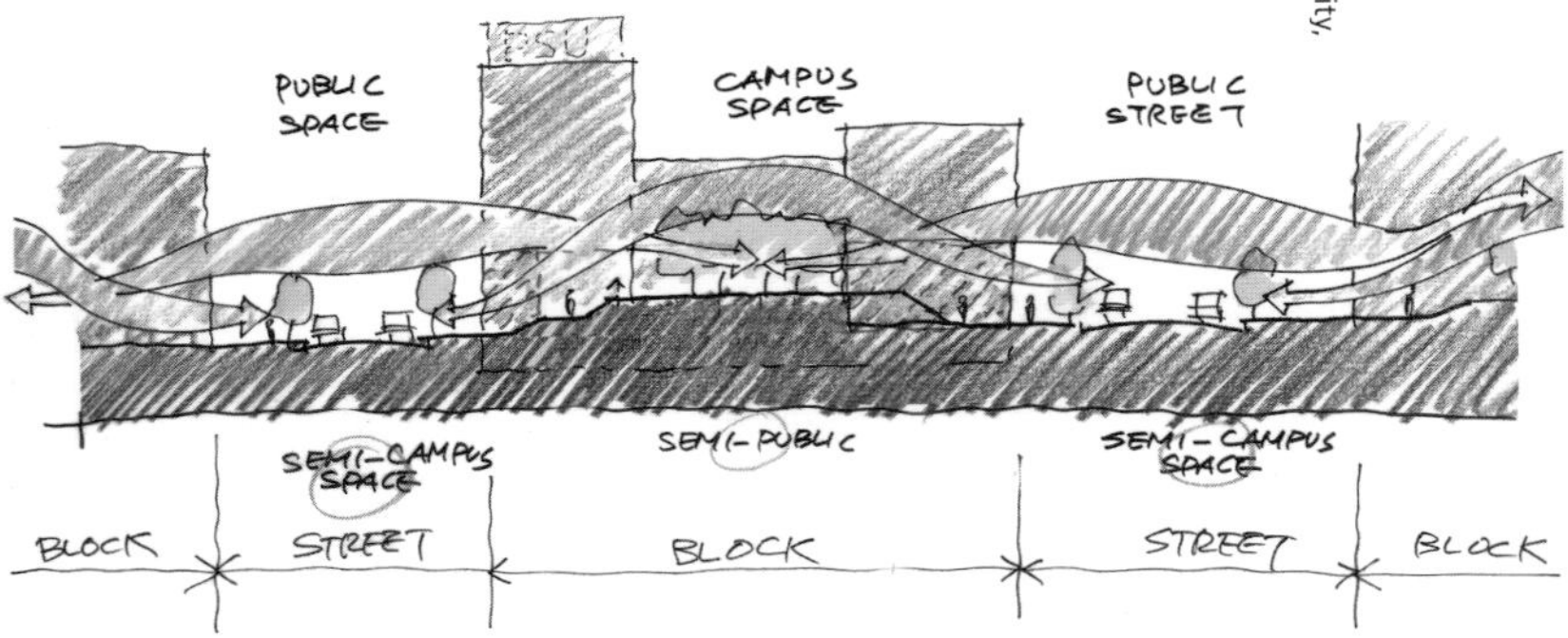

［コラム——7］

大学キャンパスは地域資源か暫定空間か

斎尾直子

◎

ある都市において大学キャンパスが立地することは、数百・数千の人口規模の学生がその地域に存在することであり、周辺への経済効果や活気の創出といった文化的効果等も生み出す大事な地域資源ととらえることができる。一方で、立地都市にとってキャンパスは、数千の人口・数ヘクタールの面積という大規模スケールにもかかわらず、学生数の増減への対応、学部や学科の新展開、別の都市への進出等により拡大・新設し、またあるときは縮小・撤退してきた経緯がある。

◎

過去三〇年間のキャンパス移転・撤退のメカニズムを分析したことがある。一九八〇年代では地方都市や郊外への移転・新設とキャンパス規模の拡大が進行し、九〇年代に郊外移転ブームが終焉、二〇〇〇年代は逆に、地方・郊外キャンパスを縮小・撤退し都心回帰が始まるという逆転現象を検証することができた［1］。特に、〇二年の工場等制限法廃止［2］は近年のキャンパス都心回帰のきっかけとされており、次頁図に見るように、首都圏においては、地方都市・郊外の学生を都心に集積させてしまった。

◎

都心の新しいキャンパスは立地の利便性だけでなく、もちろん、二一世紀の空間デザインとしても魅力的であるとは思う。本章のディスカッションのなかでは、「都市の中で起こっていることはすべて暫定かもしれない」というやりとりがなされた。この概念はシニカルで興味深い。

◎

しかしながら、撤退されてしまった地方都市・郊外はどう解釈すればよいのか。ハイ、暫定空間でした、では済まされないであろう。

◎

諸外国において、例えば、ポートランド州立大学とポートランド市、ブリティッシュ・コロンビア大学とバンクーバー市のように、大学と立地自治

体とがともにまちをつくる仕組みを持つ事例が存在する。具体的には、「大学（学生や大学の

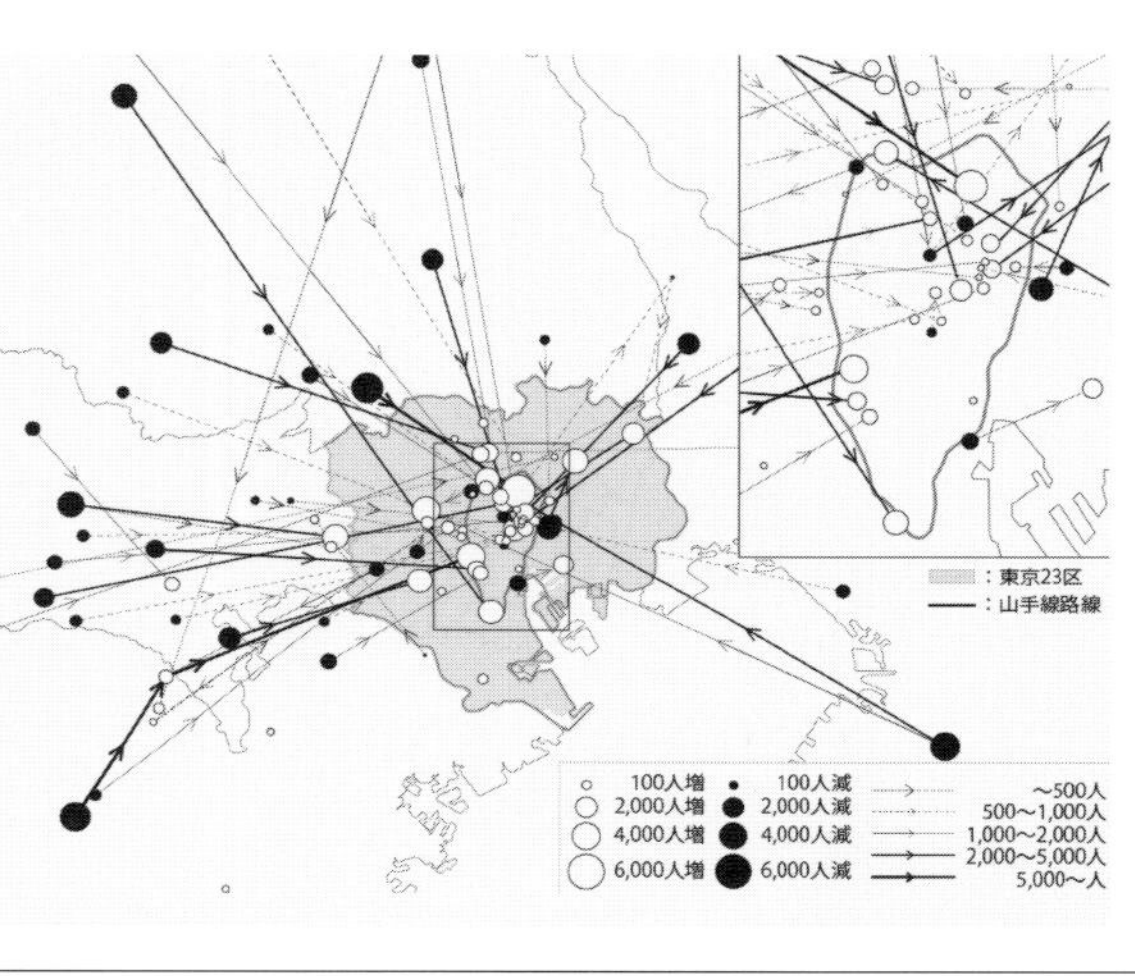

首都圏の大学キャンパスの移転・学生数移動図（出典：斎尾直子、真藤翔、石原宏己「首都圏における大学キャンパスの新設・撤退の動向と撤退後の跡地利用実態」『日本都市計画学会都市計画論文集』四九巻三号、二〇一四年一〇月、九三三－九三八頁）

活動）」と「まち（地域住民や自治体の活動）」、双方が空間を共用・運営していたり、都市の再開発を連携して進めていく組織とシステムが存在するが、日本ではまれな状況である。キャンパスの敷地は地域とは独立しており、建築・空間をともに時間をかけてつくっていく、使っていく事例はごく少ない。

◎

移転・撤退のメカニズムについて、特に、郊外キャンパス撤退の現象は、キャンパスを誘致・新設し、数十年経ち、活動展開していく過程で、協働で持続可能な大学まちをつくるところまでいければ、あるいは、大学がまちとともに成熟できれば、回避できたのかもしれない。

［註］

1｜角田将吾、斎尾直子「首都圏における私立大学キャンパスの都心回帰による過密化の実態」『二〇一八年度日本建築学会大会梗概集』二〇一八年、六八五－六八八頁。

2｜工場等制限法は、高度経済成長期当時、人口増大の主要因であった工場や大学等の新設を制限し、大都市中心部への産業および人口の過度の集中を防止するため、一九五九年に首都圏、一九六四年に近畿圏に制定された。

嘉門　**日本は中央集権化し過ぎているん**ですよ。だから奇妙なことが起きる。地方自治体もお金がないといって、国に頼り過ぎているところもある。地方の大学も中央からの指示が絶対なんです。これまでは、教育レベルを高く維持することで、国を支えようとしてきたのだと思いますが、これだけ社会が成熟したら、地方をもっと尊重し、それぞれの裁量に任せるような教育施策が必要だと思います。地方独自の文化・歴史をもっと尊重していかないと、日本の将来継承の原資がゆがめられてしまう。地域の独自性を生んでいくことが、都市のデザインにも必要だと思います。

和田　まったく同感です。グリム童話では「二人は森に行って幸せに暮らしました」となるのに、日本のおとぎ話は「一寸法師」とか、みんな都に行って成功するというものが多い。そこから直さないと難しいかもしれません（笑）。もっと地方の人の言うことを聞くべきだと思いますね。

農村空間のクロノス

斎尾　私が普段、農村地域を調査していて興味深いと思っているのは、切れ目なく続いていく農村空間は、意図的にデザインされたものではないということです。人工的にデザインされている都市空間には、それをマネジメントする機能集団がありますが、農村地域では伝統的な生産活動の結果として美しい景観が形成され、それを担保するための組織運営があります。都市の管理された時間(クロノス)に対して、これを自然発生的なクロノスが生み出した風景と呼んでもいいかもしれません。

しかし、一次産業が衰退し、伝統的な生産の意義が失われると、その継承が成り立たなくなり、いわゆる、農村らしい景観は消滅してしまう。少子高齢化のなかで美しい景観を残すことができるのは、新しい仕組みにシフトできる限られた農村地域だと思います。

もちろん、都市と農村の二極だけで語ることは難しい。人びとが暮らす大半の地域は、むしろ都市と農村の間のラーバンエリア[7]ですから、そのデザインの在り方を考えることも重要です。例えば練馬区、横浜市といった首都圏の郊外に農地がたくさん残っていますが、必ずしも土や緑の空間とは限らない。農作業の効率化や工業化が進み、アスファルトの上にビニールハウスを建てれば、緑地景観としては消失します[8]。皮肉なことに、**都市で農業経営を成り立たせようとすると、緑地を維持するという結果とは必ずしもリンクしない**状況が起こる場合もある。

嘉門——高齢化のため農業の担い手がいないといわれています。たしかに、生業としての担い手としては難しいですが、いまはいろいろな機具があるので、高齢者でも自分の生活環境を維持することを目指すという意味では、第一次産業に入ることはできる。若さを保てるという意味でも非常

7——**ラーバン**[rurban]|米国の農村社会学者チャールズ・ジョサイア・ガルピン(Charles Josiah Galpin:一八六四–一九四七年)が用いた「urban(都市)」「rural(農村)」の合成語。参考文献=日本建築学会編『ラーバンデザイン「都市×農村」のまちづくり』技報堂出版。

8——佐竹春香、斎尾直子「生産緑地転用及び農業経営多角化の実態からみた都市農地保全に関する研究」『日本都市計画学会都市計画論文集』五五巻三号、二〇一八年一〇月、五二二–五二八頁。

にいい（笑）。私のまわりを見ていますと、七〇歳を過ぎても元気に活躍できるような人の多くは、農村に帰っていますね。

業種としての農業ではなく、**生きざまとしての農業**に従事することによって自然景観を保持するという方法しか望みはないと思っているんです。人口が減少している地域では、農村・森林を担う農水省、公園・菜園の施策を担う国土交通省が連携して農業の生き残りを図るしかないのではないでしょうか。

浅見　農村のきれいな風景を残したいというのは、非常によくわかるし、私もそう思いますが、所有者をはじめとした**関係者だけで里山的な景観を維持していくのは非常に難しい**。高齢者がいくら農村に回帰しても、自分の菜園ぐらいであれば管理できるかもしれないけれど、それ以上はつらいのでは。生産をベースにした農村が生み出した環境を保存しようとするのなら、それを維持する社会的な仕組みもあわせて考える必要がありますね。

縮退のクロノス

赤松　自動運転が本格化して、スマホで注文した物資がドローンで届くような時代になるわけだから、これまで車がないと病院にも行けない、買い物もできなかった地域に大きな変革が起きると思うんです。ただ、そのときに問題になるのは、下水や上水といったインフラではないでしょうか。一軒のために何十キロも上水・下水を引くというのは負担が大き過ぎる。でも、オフグリッド[9]をはじめ、**地域の中で完結できるインフラの技術**が発達していけば、可能性が広がるはずです。

9——**オフグリッド** [off-grid] 電力会社の送電網につながっていない、または電力を自給自足している状態のこと。

浅見 ポツンと離れたところに立つ家を維持するのであれば、インフラ整備に対する費用は住民に負担していただくことを前提にするのはどうでしょう。負担してでもそこにとどまるか、もう少し便利なところに移転するか選択しやすくなるかもしれません。

斎尾 そうですね。集落の継続・消滅の仕方は、外部で決めることではなく、コミュニティが決めることだと思います。維持するのならどのようにインフラを維持していくのか、**消滅すると決めたらどう消滅させていくのか住民自ら計画していく**ことが大事です。日本では、そのような判断を住民不在のまま行政側の目線で考え過ぎているような気がします。

また、仮に親世代は最期までここに住むと決めたとしても、子ども世代はインフラ整備を自己負担してまで住もうとは思わない場合が多い。その結論に至るまで待つ、という時間の余裕がないと、大事なものが壊れてしまうのではないでしょうか。ここにも時間がかかわってきます。

嘉門 上下水道は個別で処理するシステムを導入すれば対応できるけれど、問題は交通ネットワークですね。ここだけはきちっと整備するべきだと思います。集落が消滅してしまうと、そこへ至るアクセスの整備ができなくなってしまう。重点的に整備すべきインフラと、個別で対応すべき分散型インフラを峻別する時代が来ているのかもしれません。

南　私は、東北の県境にある限界集落[10]を訪れたことがありますが、どこも立派な道路が通っているので簡単に行けました。交通インフラが重要なことはわかるのですが、人口一〇〇―二〇〇人の集落にまで立派な道をつくり、除雪も行う。そのすべてを公が負担することを前提に議論するのは無理があると思います。

10――**限界集落**｜住民の半数以上が六五歳以上となり存続が危ぶまれる集落。

嘉門　総務省がいう「限界集落」を守らないと、日本の美しい景観は保てません。今後の変化を受容したうえで、少なくとも**五〇年ぐらい先まで維持できるような仕組み**を考えなければならないのではないでしょうか。

内藤　**縮退のシナリオ**がパブリックになっていかない理由の一つは、政治家が言えないからなんでしょうね。「私の選挙区はこういうふうにたたんでいきます」と言ったら票がもらえない（笑）。だから、嘘でも蘇生するシナリオにこだわって選挙に立つしかない。もっと勇気を持って時間のビジョンを語れる政治家が出てきてほしいですね。

浅見　もちろん、農村のたたみ方の研究は行われています。ある地方の農村では、まず住民がそこに住むのをやめて通い農作業をして農地を維持する。しばらくすると通わなくなり、徐々に廃村に向かっていくそうです。自分たちのできる能力に応じて少しずつケアを減じていくんですね。

内藤　きれいな棚田があるところはそもそも地滑り地形だから、地下水流を棚田の表土水としてさばいてきたわけです。でも、廃農するとそれができなくなる。いくつも見ましたが、地震がなくても農業をやめたとたんに地形が崩れてくる。

浅見　農地の維持を諦めるときは、水の通り道なども含めて面的に諦めていくんです。

内藤　そうすると、治水も含めた総合的な政策が必要になってくるわけですね。

和田　日本の人口が一〇〇年後に半分の六〇〇〇万人になるのなら、公的なお金だけで山林や自然を含めた農村を守るというのは無理だと思います。アメリカに住んでいたころ、ここから先はいじってはいけない「ワイルドネス」という地域がありました。放っておいても大丈夫なところは放っておく。**何もしない領域をつくっていく**という考え方もありますね。

長野県長野市旧中条村の棚田

右：一九七五年ごろ。

左：二〇一八年。放置された棚田が雑木林化し自然に戻った

（出典：国土審議会計画推進部会国土管理専門委員会「将来的に放置されていくことが予想される土地の管理のあり方：現地調査及び文献調査結果の最終報告」二〇一九年）

内藤 でも、そうなると河川そのものの在り方も変わらなければならなくなってくるはずです。諦めるのであれば、氾濫が頻発しないよう、下流域に広がった都市の河川政策を見直さないともたないでしょう。そこまでいくには国民的な合意が必要になるはずです。

和田 そこに住んでいる人に任せればいいというだけでは無理がありますね。

未来の価値をどう測るか

福井 **デザインの価値は時代によって変わり得る**ので、現時点でのデザイン価値は、将来の各期の価値を利子率で割り引いた**現在価値の総和**となります。しかも、多くの都市のデザインは、その性質上、取引当事者以外にかかわる強い外部性を持つので、その部分は価格機構には乗りにくい。また、長持ちするデザインといっても、将来の評価を確実に誤りなく予測することはできないから、現在の見込みで、将来的にも価値があるようなデザインや環境を評価するしかないのです。

したがって、予測が外れて将来は悪いデザインになる、いまはひどいと思われていても将来よいデザインになる。どちらもあり得るわけです。

さらに、将来にわたる価値を完全に確定できない以上、フレキシブルな土地利用を阻害しないという要素も重要です。デザインの構成物たる建造物、土木施設の、将来価値の変動に応じた臨機応変な対応ができるような仕組みも必要だと思います。

　つくったときはいいデザインだったけれど、一〇年後には見向きもされず、廃墟のようになってしまった建築に対しても、「さらに将来には、また価値が出るかもしれない」「いやもはや壊したほうがいい」という両方の意見が生じ得るわけです。

浅見　至るところでそういう議論になりますよね。どういう人が判断すればよいのでしょうか。

福井　例えば「シドニー・オペラハウス」(一九七三年)は、工事費が当初の想定を大幅に上回ったり、設計者が辞任したりするなど、順調な推移ではありませんでしたが、いまやシドニーを代表するシンボルであり、世界から多数を呼び寄せる名所にもなっています。無名の設計者ウッソンの落選作品を強く推した審査員サーリネンの着眼など、偶然が左右しましたが、結局、世界中の大衆が高く評価し、卓越した建築物、ランドマークとしての名声を確立したのです。サーリネンは設計の専門家でしたが、遠い将来の世界の人びとの価値観、効用をもある程度代弁できるような**専門家とは、自らが設計のプロである必然性は必ずしもありません**。デザイン自体の嗜好や価値観が流動的であることも多いでしょうから、将来の大衆の最大公約数的な価値観を代弁し得る、シミュレーションし得るような、という意味での専門家の目利きがとても重要です。

　ヨハン・セバスティアン・バッハは、同時代の専門家や、主たるユーザーであった教会から、難解過ぎるとして敬遠され、その後の作曲家からも忘れ去られるか、無視されていましたが、バッハのマタイ受難曲をかなり後世の作曲家のメンデルスゾーンが再演したり、子ども向け練習曲

[コラム——8]

将来価値の鑑識眼をどう備えるか

福井秀夫

◎物やサービスの価値は、現在の価値に加え、時間や世代を超えて将来発生する価値を割り引いた現在価値の総和である。土地や住宅なら、将来期待収益の現在価値の総和が付け値となる。インフラ整備の予定や環境向上などにより利便性や快適性が向上すると見込まれると、それに応じた投機的な価格が形成される。絵画、彫刻、陶器などの作品も、将来高く評価されると予測されれば、値上がりを見込んで高い付け値が生じる。

◎しかし、将来の価値の変化を正確に予測することは困難だから、予測が外れることがわかると価格はそれに応じて常に変動する。とはいえ、土地や絵画などは私的財だから、所有者は情報を集め極力精密に予測するだろうし、仮に予測が外れても大きな社会的損失を生みにくい。

◎しかし、受益者が不特定多数に及び、公共財性、強い外部性を持つ都市景観、建築デザインや、一定期間独占可能な私的財だが著作権等消滅後は公共財となる、楽曲、小説などは、購入者、管理者の付け値だけでは、価値を正確には反映できない。同時代の第三者や将来世代の受益を、適切に代弁できる者が評価にかかわらないからである。受益が広い範囲にわたり、または遠い将来に及ぶ場合には、同時代の特定の購入者や評価者の想像力の及ばない卓越した価値が見落とされ、偉大な才能や社会的遺産が埋もれる可能性が大きくなる。

◎加えて、将来見出されるはずの価値の予測は、完全に正確を期すことが無理である以上、常に予測外れによる社会的損失と隣り合わせである。

◎このような性格を持つ、デザイン、楽曲、著作などについて、私的、公的を問わず、購入者、発注者の私的感性にのみ依存して選定、購入することは、大きなリスクを伴う。どのように同時代の受益者の感性の多くを過不足なく取り込み、まだ生まれてもいない将来世代の感性をも代弁できるのか、精密で外れ確率の小さい、丁寧な選定の基準と運用が求められる。

◎

バッハへの主たる作曲依頼者あるいは雇用主だった同時代の教会や宮廷は、バッハをテレマンの補欠扱いとし、いまではバッハと比較することすらはばかられるヘンデルの作品をより好んだ。その膨大な作品の相当数は死後散逸し、かけがえのない人類の遺産が失われた。残された作品も急速に関心が失われ、メンデルスゾーンのマタイ受難曲再演でやっと歴史に再登場した。

J・S・バッハ作曲「マタイ受難曲」自筆総譜（一八世紀）
所蔵：ベルリン州立図書館

◎

建築デザインで一例を示すなら、ウツソンの落選作品を審査員のサーリネンが拾い上げなければ、いまのオーストラリアのみならず、世界を代表する建築物たるシドニー・オペラハウスは生まれなかった。

◎

天才の才能を見出せる才能が常に同時代の身近にあるとは限らない。時代の風雪に耐える、しかも第三者の感覚をも代弁し得る確かな鑑識眼の仕組み構築が求められる。この点は、私的財でも重要だが、公金を支出する組織の発注では、むしろ納税者等に対する最低限の義務と位置づけるべきである。

としかみなされていなかった無伴奏チェロ曲をカザルスが録音したことがきっかけで、やっと現代の歴史に蘇りました。いまやバッハは、音楽史上の最高峰として、多数の作曲家、演奏家のみならず、世界中の人びとから愛されています。鑑識眼のある者の作品との偶然の遭遇と、録音や放送の普及で、価値ある芸術を世界的に享受しやすくなったことが、もうちょっとで歴史から葬られかねなかった偉大な芸術を救い出し、私たちの世界を素晴らしく豊かにしてくれたわけです。

しかし、ウツソンやバッハに匹敵する才能開花を偶然に委ねるのではあまりにも社会の損失が大きい。時代の変遷や風雪に耐えるデザインや芸術をどう評価するのか、現代の目利きが将来も見据えて眼力を発揮することが大切です。

赤松 建築の価値判断は人によって異なりますし、そこには利害関係が生じます。先日、「葛西臨海水族園」(一九八九年)の建て替え計画が公表され、疑問の声があがっていますね。建築的な評価も高く、これまで多くの人を集めてきたにもかかわらず、なぜ建て替えるのか。でも建て替えることで得をする人たちもいるわけですから、どのタイミングで誰が判断するのか、難しい問題です。

内藤 公共建築物の減価償却の年限が効いているのではないかと思うんですが、そのへんはいかがですか。

福井 公共施設はほとんど非課税で、建物を残すかどうかという観点では、減価償却は気にしないのではないでしょうか。そもそも減価償却は税務の便宜で決めているだけで、物理的耐用年数

シドニー・オペラハウス 一九七三年（建築設計：ヨーン・ウツソン。構造設計：オヴ・アラップ）。一九五九年に着工したものの構造設計の困難さなどにより工事は大幅に遅れ、資金面などの問題から六六年にウツソンは設計者を辞任。二〇〇七年、世界遺産に登録

葛西臨海水族園 一九八九年（建築設計：谷口建築設計研究所）。上野動物園一〇〇周年を記念して計画、数々の建築賞を受賞。現在、配管設備の老朽化やバリアフリー化への対策として、改築も視野に入れた更新が検討されている

とは関係ありませんから。

内藤　でも公共建築物が築三〇年くらい経つと「そろそろ建て替えかな」と考えられがちですよね。

南　公共建築が米寿を迎えられるように取り組んでいる自治体も増えていると思います。民間の建築物は不動産経営の論理で建て替えられますが、それでも一般的なオフィスや住宅は長寿命化が相当進んでいます。いまや、**建築より都市のほうがどんどん変化している**のではないでしょうか。

暫定利用というクロノス

浅見　これまでは、建物を長くもたせたほうが経済的であるとか、環境にやさしいといわれてきましたが、都市がもっとダイナミックに変化していくことを踏まえると、土地利用規制のなかでの暫定利用[11]というのが重要になってくるはずです。都市におけるトライアルの場としてとらえて、いいものは恒久化していくような、社会実験の場として考えることが重要じゃないかと思います。

内藤　現在、暫定利用というのはどのように位置づけられているんですか。

浅見　例えば、駅前広場の整備中に期間限定でサーカスや演劇が行われたり、再開発待ちの土地が駐車場にされていたりするような利用です。

11——**暫定利用**｜未利用空間の計画決定から実現までの間、臨時の処置として活用すること。

しかし今後は、一〇年、二〇年しか使わないことを前提にした暫定利用というものをもう少し積極的に、都市計画の制度のなかに位置づけていくといいのではないでしょうか。将来の**都市像が定まらない状況では、むしろ暫定利用が正しい**利用方法かもしれないと私は思っているんです。

斎尾 たしかに、学校ももはや、暫定建築かもしれないという考え方もあるかもしれません。**都市で起こっていることは、すべて暫定ともいえる**わけですから(笑)。

浅見 そう、**われわれは暫定のなかに生きている**のだと思います。

嘉門 災害復旧に直面したとき、被災した人が戻ってきてはじめて復興が成り立つわけですが、高齢化すると戻る意志が失われることもあると思うんです。二〇年、三〇年後の人口がどうなるかわからないのに、恒久的な建築物をつくってしまうと、廃墟化するおそれもある。災害復旧や都市がダイナミックに変わっていく段階では、**建築が短命なほうが有効だということもあるのかもしれません**。

内藤 解体しやすいもの、解体するときあまり廃棄物を出さないエコロジカルなもの、**解体しやすい超高層という可能性**もありますね。

南 アムステルダムの湾岸地区では、あまり限定的にまちの将来像を決めず、最小限の規制にとどめて自由に開発させています。インターネットで入居者を決め、将来的に用途変更が可能な建築をつくっている[P.100]。まちが変われるよう、**構造物としては長寿命、中に入る機能・用途はダイ**

ナミックに変わるようにつくることはできると思います。

時とともに変化する建築

南——建築の世界においては、変化に対応できる建築をつくるというのが最大のテーマだと思います。日本では経済成長が著しくまちが急速に変化していたので、建築も建て替えて更新することでよかった。しかし今後、それは難しいということは、みなさん了解されているとおりです。建物は完成してからも維持管理に相当手間がかかりますが、技能労働者が**二〇二五年までに約一三〇万人減少する**といわれています（出典：日本建設業連合会『再生と進化に向けて——建設業の長期ビジョン』二〇一五年）。建築物をどう使い続けるかも、非常に難しい問題です。新築の現場ではロボットが導入されていますが、既存建築を維持するためのロボット開発はまだまだ難しい。

状況の変化に対応できるように、建築をつくらなくてはならないと思います。建築家の中には反対される方もおられるかもしれませんが、**ある程度の標準化やモジュール化も必要**でしょう。

内藤——設備も問題でしょうね。建設費用の三、四割を占めるし、三〇年ほどで更新しなくてはならない。

南——設備もモジュール化できます。スピーディに更新できるように計画しておくことで、人手を減ら

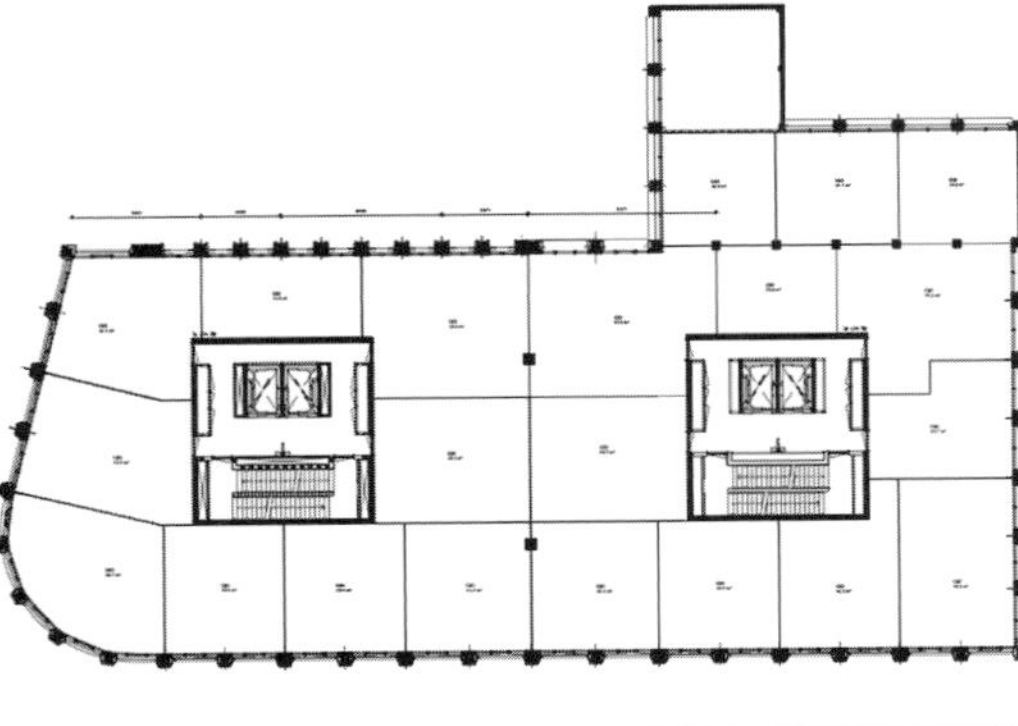

アムステルダム湾岸部に建設された「ソリッド（Solids）」（上：完成予想図。中：平面。下：周辺の都市環境。ソリッドの建設用地は写真手前。三点とも、©Stagenoot）。入居予定者は希望する建物の場所を必要面積だけインターネット・オークションにより入札し、一番高値で落札した者が賃借する権利を獲得する。多様な用途に用いることができる汎用性の高い建築。スケルトン賃貸方式であり、内装は入居者自身が施工する。コアの位置や廊下の配置などが工夫されており、街区の発展とともに、施設の用途を変更しながら、建物を長期にわたって使い続けることができるように設計されている

［コラム――9］

時とともに、しなやかに変化する建築

南一誠

◎

建築に求められるニーズは時間の経過とともに変化する。建築を過度に要求条件に即したものとして設計すると、竣工直後は最適かもしれないが、社会が変化したり家族構成が変化したりすると、ずれが生じて使いにくくなりがちである。社会の変化に対応して建物を使い続けるためには、建物に適度な柔軟性が求められる。洋服のように体形が少し変わると着づらくなるのでなく、太っても痩せても着こなすことができる日本の着物のように、建築の設計においても、多少、余裕を持たせて設計しておくことが、長い目で見て有効である。社会の変化に「しなやかに対応できる建築」は、長く使い続けることができる。

◎

一九七一年から七三年まで英国王立建築家協会の会長を務めたアレクサンダー・ゴードン（Sir Alexander John Gordon）氏は、折に触れて「Long Life, Loose Fit, Low Energy」と述べていた。英国は日本に比べて建築を長く使う国だが、彼は建物の骨格は長寿命に、内装・設備はLoose Fit、つまりゆとりを持たせて変化できるように計画することを提案した。機械設計では、軸の外径よりそれが納まる穴の内径が多少大きく、すきまがある納まりをLoose-Fit（すきまばめ）と呼んでいる。同様に、建築を要求条件に厳密に適合した最適設計にするのでなく、少し余裕（ゆとり）を持たせた設計にして、ニーズの変化に対応して内装・設備を改修しながら、長く使用することを目指した。その結果、建物本体は長期にわたって使われることになり、結果的に省資源で省エネルギーになると提案した。日本ではスケルトン・インフィルと呼ばれるこの手法は、建築と時間の関係を示す考え方として広く知られている。

◎

高度経済成長期の日本では、都市を構成する建物は頻繁に建て替えられてきたが、一般的には数十年以上、場合によっては一〇〇年以上の周期で更新されている。欧州の歴史的街区では、伝統的な景観を保ちながら、何世紀にもわたって、少しずつ建物が更新されてきた。歴史的街区は一つひとつの敷地が小さく、「きめの細かい都市構造（fine grained urban fabric）」であるとされる。一方、近年の都市開発は効率化が追求されて、大規模な街区に大きな建築が建てられる傾向が強い。大規模開発は時代の変化に対応できないことが多く、何棟もの中高層住宅が立ち並ぶ大規模住宅団地は、その後、容易に建替えができずに困っている。都市も建築も、長い時間のなかでは更新が避けられない。都市も、建築も、建築の内装も、スタティックなものではなく、時間の経過とともに変化するものである。都市、街区、画地と建築の関係を適切なものにすることが、全面的な解体による建て替えではなく、少しずつ、歴史や伝統を継承しながら、しなやかに建物を更新することを可能にする。

実験集合住宅 NEXT21｜一九九三年（設計：大阪ガスNEXT21建設委員会［総括：内田祥哉＋集工舎建築都市デザイン研究所］）
大阪ガスが近未来の都市型住宅の研究のため建設した集合住宅で、定期的に入居者を入れ替えて、インフィルの可変性を検証している。スケルトンは周辺のまちとの連続性を考えた立体街路として計画されている

［参考文献］
1｜Alex Lifschutz, *Loose-Fit Architecture: Designing Buildings for Change*, Wiley, 2017.
2｜南一誠『時と共に変化する建築——使い続ける技術と文化』UNIBOOK、二〇一四年
3｜南一誠『しなやかな建築』UNIBOOK、二〇二〇年

すことができる。昔から言われているスケルトン・インフィルですね。

内藤――スケルトン・インフィルとモジュール化といえば、内田祥哉先生[12]による「NEXT21」(一九九三年)[P.102]が先駆的なトライアルでしたね。あれは先見性があった。

和田――一九七〇年初頭、設備の配管は梁に穴を開けて通すのが一般的でしたが、日建設計の意匠・構造・設備の設計陣は構造と設備を分離させようと試みていました。「新宿住友ビル」(一九七四年)では、スラブを六〇センチ程度のボックス状の梁で支持し、天井とボックス梁の下面の鉄板との間に配管を設置して、将来設備を取り替えるときには天井をはがせば対応できるようにしていました。あれから四〇年以上経ち、他のビルもそうしているかというと、相変わらず梁に穴を開けている。このような複雑な仕組みは早くやめたほうがいい。

南――少しでも階高を詰めて経済的につくろうとしますからね。標準化した階高やスパンにすれば、ある程度、合理化できると思います。

12――**内田祥哉**|建築家、東京大学名誉教授。一九二五年、東京生まれ。一九四七年、東京帝国大学第一工学部建築学科卒業。逓信省などを経て一九七〇年、東京大学教授。建築構法、建築生産研究の第一人者。おもな著書=『建築生産のオープンシステム』『ディテールで語る建築』ほか。

新宿住友ビル|一九七四年(建築設計:日建設計)

デザイン的価値は公的調達できるのか

福井――デザインに対する報酬についても、日本の法制度には非常に問題があります。**会計法や地方自治法の公共調達の入札ルールで、デザイン・設計、コンサルティングといった知的創造業務を含めて、「最低価格入札」**[13]**が原則だとはっきり条文に明記してある**のです。

国土交通省の営繕部などは、コンペやプロポーザル[14]を通じデザイン重視で決めることを打ち出していますが、一般の国や自治体の庁舎や学校などでは必ずしも徹底されていません。自治体の発注は統計的に八―九割が価格入札で、設計料の一番安いところに頼む。地方では、業者が順番に入札されるよう談合して最低価格に収めるという、デザインにも公金の倹約にも反する調達実態があるといわれます。**原則に縛られて、自治体はデザインを重視できない**。デザインを重視し、法の原則とは異なる例外的な方式としてのコンペなどを採用すると、議会などで公金無駄遣いと追及されるかもしれないと恐れ、これを避ける傾向がある。小さい単位の自治体では、デザインを審査できる人材がいないという人的・技術的な制約もあるといわれます。

会計法や地方自治法の原則として、現行法と逆に、知的創造行為は原則として企画競争やコンペで選出する、と法改正して明記してしまえば、行政職員も、首長や議会も、規範

13――**最低価格入札**｜官公庁などが請負契約などの相手方を定める際に、民間業者の参加者を募る入札において、最低価格を申し出た者を落札者とし契約の相手方とすること。

14――**プロポーザル**［proposal］｜建築設計を委託する際、複数の設計者に対し技術力や経験、体制などを含めた提案書の提出を求め、公正に評価して計画に最も適した設計者（人）を選ぶ方式。

と意識が転換します。中国でよく行われているように、審査を民間機関に委託して、建築の専門家などを呼んでコンペを設定することも十分考えられます。いずれにせよ、法改正によって、デザインの安直な安売りモデル、品質や価値を評価しない奇妙な入札システムと決別し、デザインの将来性も踏まえた内実をきちんと評価する発注方法に転換するべきです。

内藤　公的調達ルールは変わりそうですか。

福井　蓋然性は高いと思います。仙田満先生[15]とともに、国会議員ともずいぶん議論していますが、「そんな法改正をして大丈夫か」と言う人は一人もいません。「いままでそんな変なルールだったのか」というのが大方の反応です。私は以前、建設省(現国土交通省)で公共調達の元締めの部局でもある大臣官房会計課の課長補佐でしたが、在職当時はまさかそんなおかしな決め方が実態として蔓延しているとはまったく知りませんでした(笑)。だいぶあとになってから仙田先生から教えていただき、そんな創意工夫軽視の入札があっていいのか、と心底仰天したくらいです。

南　設計業界の一部には、現状がいいという意見もあるのでしょう。

福井　そうでしょうね。なんの創造的デザインをしなくても順繰りに受注できるのがうれしい自称専門家も中にはいるのでしょう。でも、まともなデザインをしたい、まちによいデザインをあふれさせたい、という意欲と能力のある人や、デザインの受益者たる住民から見れば、才能開花

15――**仙田満**｜建築家、東京工業大学名誉教授。一九四一年、神奈川県生まれ。一九六四年、東京工業大学工学部建築学科卒業。菊竹清訓建築設計事務所を経て、環境デザイン研究所設立。一九九二年、東京工業大学教授。おもな作品=「愛知県児童総合センター」「国際教養大学図書館」ほか。

が否定され、せっかくの巨額公共建築がランドマーク化して、地域が栄える機会が奪われているにほかなりません。

浅見 評価する人選が重要ですね。評価できないとどうしようもない。

福井 利害当事者ではない広い視野のある専門家に、先々の社会的経済的インパクトを予測したうえで、きちんと評価していただく必要がありますね。

赤松 学会等でも提言しようとする動きはいろいろとあります。現状では地方公共団体の首長がコンペをやろうと思っても、ノウハウを知っている人材がいないとどうしてよいかわからずに諦めてしまいます。問い合わせすれば、やり方を教えてくれたり人材を派遣してくれたりするというサポートのシステムも構築していかないと、なかなか広がらないと思います。

福井 総務大臣を務めていた石田真敏さん[16]は、海南市長だったときに市で発注していた公共建築物を洗い出したら、ひどいデザインが多いので、白紙に戻せるものは全部戻して、コンペ方式でやり直したことがあると言っておられました。英断だと思います。いまの価格調達のおかしさを実感されたそうです。

和田 デザインできちんと評価されたもののよさを、広く理解してもらう必要がありますね。逆に、入札で決めた建物にはこんなひどいものがあるという写真集をつくったらいいのかもしれません(笑)。しかし、使いにくい建築をつくっている建築家もいますから、競争すれば本当にいいも

16――**石田真敏**｜衆議院議員。一九五二年、和歌山県生まれ。一九七六年、早稲田大学政治経済学部卒業。一九九四年より海南市長(二期八年)。二〇〇二年、衆議院議員初当選。二〇一八年、総務大臣就任。

[コラム———10]

リスク社会との共存

嘉門雅史

◎ 新型コロナ禍は第二次世界大戦以降で最大の危機を地球社会にもたらしている。これへの対処法として、新型コロナリスクと共存することが最適解であるとされつつある。元来、地球社会では多種多様のリスクが存在しているから、好むと好まざるとにかかわらずリスクと共存することをすべての人びとが認識することが大切である。

◎ ところで、「地盤」という言葉から人びとは何を連想するだろうか。多様な産業・社会・生活活動がその上で成り立っているというご意見とか、武田信玄の風林火山では、「動かざること山のごとし」として、生存基盤の大地を構成する「地盤」は、不動のものと考えられることが多い。私は土木工学、特に地盤工学を

地盤工学の課題とリスク

軟弱地盤、傾斜地、造成地、空洞等（地盤自体のリスク）
汚染地盤（地盤が人間活動から受けるリスク）

地盤の不同沈下　液状化災害　地盤改良の不完全さ　宅地造成地の地震時崩壊
斜面の劣化・崩壊　土構造物の耐水安全性不足　基礎構造物の支持力不足
有害物質による地盤汚染崩壊　地下水の汚染　各種廃棄物処分場からの汚染　その他

リスクの在り方と多様性を明確にしたうえで、リスクを低減するように努めることと、
リスクの存在を理解したうえで、これに勇気を持って対峙することの両面を目指すべきであろう。
リスク克服の手段は技術として成立し得るので、リスクへの備えは準備できるが、
リスクをゼロにすることはきわめて難しい。
リスクは確率論としてとらえると理解しやすく、ゼロリスクを求めることは
壮大な無駄を求めることになるので、どこまでリスクを受け入れることができるかの合意が求められる。

専門としており、研究者の使命として、地盤上で人びとが安全で安心し得る生活を送れることを担保することが責務と考えている。しかしながら、変動する日本列島は大災害に直面することが多く、とても地盤が不動であるとは言い難い。土材料は外力を受けると必ずなにがしか変形するものであり、時間の経過によって性質を変えるものと承知しなければならない。したがって、地盤工学者はかかわる多くの課題に対して、地盤の多種多様なリスクを認識し、そのリスク解消に努めることが本来的な務めとなる。大袈裟に言えば国土をどのようにデザインするのかということになる。

◎

市民それぞれが、多様な地盤が抱えるリスクへの認識を高め、共通の理解を得るように努めるとともに、信頼を醸成するように図ることが大切である。工学、特に土木工学は、認識科学と設計科学とが融合したものであるから、「社会のための科学」の実現への努力が求められている。

◎

科学技術がリスクをなくすことはできないが、リスクの発生確率をある程度予測することや、発生確率を低減することは可能である。したがって、どこまでリスクを受け入れるかは、個々の市民自らが判断することになる。人びとの意見として賛否の割れる重要なテーマや施策は数多い。不安や反対があるのは当然であるが、長所短所を丁寧に説明して議論し、多数の納得を得ることこそが重要である。これらの課題は政治の役割でもあるが、科学技術的事象に関する適切な解説をすべての世代の人びとに理解してもらいやすいように実施することは、科学技術者が取り組むべき重要なタスクである。それによってはじめて人びとが最適解を選定できる、成熟したリスク共存社会が成立するものと確信する次第である。

のができるのかどうか、われわれもきちんと考えていかなくてはならないとも思います。

都市に時間要素を導入する

内藤　一九六〇年代以降、建築を商品化するという風潮がありました。経済行為ですから、ものが財貨に変わるときの価値が最も高く、そのときに最大効果を得られるよう進化してきた側面があります。だから、いまの建築はその先の**「時間」を評価するようなもののつくり方になっていません**。

浅見　時間を経ても価値が下がらない、ヴィンテージタウンみたいな方向を目指したいですね。いま時代が大きく変化し、なおかつ技術も大きく進化していますから、それをうまく取り込みながら今後のデザインの在り方を考えていくべきだと思います。空間的なストラクチャーを変えていかざるを得ない事象が起きているにもかかわらず、われわれはそれに対する解答を完全には持っていません。もっと真剣に考えていくべきです。

内藤　今日、浅見先生から出てきた「動的ゾーニング」という言葉に、僕は目を見張りました。戦災復興計画以降の日本の都市計画行政は、どうやって空間をコントロールするかという現在価値にばかり向き合ってきましたから、都市に「時間」要素を導入していくという考え方が生まれたら、すごいトピックになると思います。

浅見

これだけ時代が変化していますから、コミュニティ自ら環境をつくっていくべきだということです。もちろん規制緩和も必要ですが、一方で適切な負担や貢献といったことも選ばなくてはならない。そういった環境をつくっていくことが必要ですね。

われわれは、時間とともに変化する価値をコントロールする術を持っていないと思うんです。クロノデザインによって、それをうまくマネジメントしていくことが求められているのではないでしょうか。

ディスカッション―3

土木をめぐるクロノデザイン

内藤廣

城所哲夫

田井明

林良嗣

船水尚行

土木の体内時計

内藤廣／城所哲夫／田井明／林良嗣／船水尚行／オブザーバー──伊藤香織

内藤──二〇世紀以降、人間はある種の「**空間占有」にとらわれていた**と思います。それが過剰に作動すると土地の価格が上昇し、さらに床をたくさん積んで収支を合わせようと超高層が建っていく。でも本当は、建築にせよ土木にせよ、空間の大きさよりどのような時間が生み出されたのかが大事なはずです。今回はおもに都市土木という分野で、クロノデザインというものがあり得るのかどうかを議論してみたいと思います。

二〇〇三年に「美しい国づくり政策大綱」［1］がまとめられ、翌年、景観法［2］が公布されま

1──**美しい国づくり政策大綱**｜美しい自然との調和をはかりつつ国土を整備し次世代に引き継ぐという理念のもと、美しい国づくりに取り組むとする政策大綱。国土交通省「美（うま）し国づくり委員会」による議論を経てまとめられた（二〇〇三年七月）。

2──**景観法**｜「美しい国づくり政策大綱」を受け、良好な景観の形成を促進するために制定された法律（二〇〇五年全面施行）。自治体や住民の提案で景観計画区域や景観地区を指定、法的強制力が与えられた。デザインを考える指標の一つとされている。

した。この流れは、国土形成には物理的な「量」よりも「質」、つまりそこでどのような時間が生み出されるか、ということへのシフトであったような気がします。私が考えている景観とは、見え方というよりは、むしろその土地や場所に流れる時間のなかに現れる時間の姿なのではないかと思っています。単純に街路樹を植えて緑を増やせばいいという話ではありません。二一世紀のビジョンを構築するには、空間占有にとらわれた二〇世紀的な計画論から抜け出し、時間をベースにした根本から考え直してみる試みが必要です。

土木は比較的長い時間を相手にしています。田井先生は干潟を研究されていますが、どのくらいの時間軸でとらえていますか？

田井　自然生態系への影響が大きいのは気候変動です。一〇〇年ぐらいのスケールで沿岸の環境が今後どうなるかを予測し、漁業や経済活動の場としてどう利用していくことができるのかを研究しています。

内藤　一〇〇年ですか。公共建築の建て替えの多くが三〇年くらいですから、建築とはずいぶん違いますね。建築ももともとはそれくらいの時間感覚を持っていたのですが。土木の場合、それでは困りますよね。

田井　そうですね。大きなインフラは一〇〇年、ある意味では半永久的に使うと信じてつくっていると思います。

船水　都市を支える水の仕組みもそうです。ローマ時代につくられた導水路がいまも使われていま

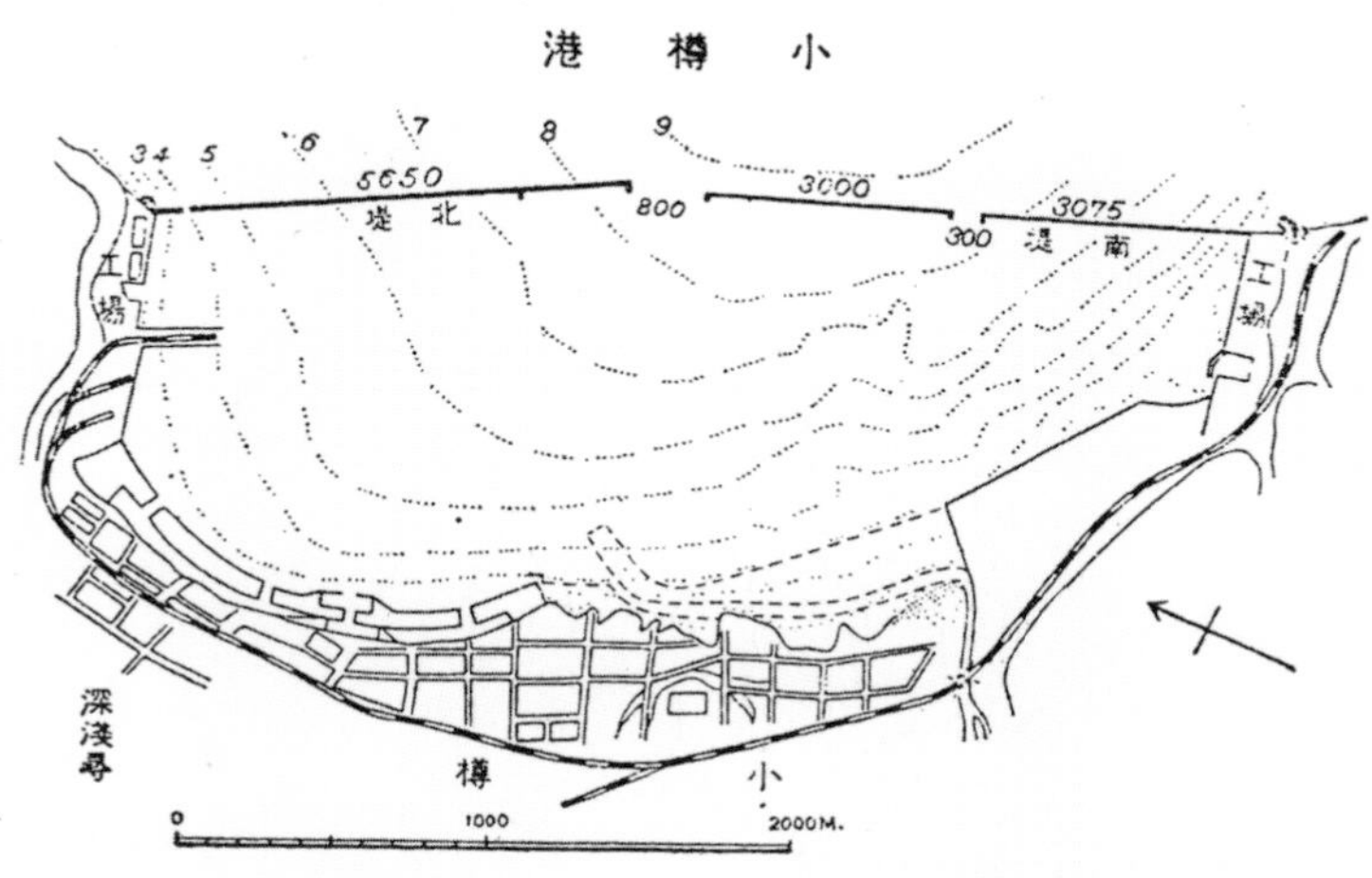

小樽港―廣井勇は小樽築港事務所長として、当時北海道最大の巨大土木事業を統括。上：現在の姿。下：築港計画平面図（出典：北海道大学図書館所蔵資料）

す。東京には野火止用水のように一六五〇年代につくられ、一九七〇年代に一時暗渠化されるなどしながらも、現在、清流として都民に親しまれているものもあります。

内藤 そういう体内時計が、ほかの分野にはない土木の特徴だと思います。二〇世紀初頭、小樽港では廣井勇|3|の指揮のもと日本初のコンクリートの大防波堤がつくられましたが[P.115]、そのコンクリートの耐久性はいまでも観察され続けていますね。そもそも土木構造物というのはそういう時間スケールで考えていたと思うのですが、戦後、わりと場当たり的になってきたという印象はありませんか。

田井 当時の技術者がどう考えてつくっていたかはわかりませんが、**昔の橋はいま見てもきれいなものが多い**ですね。現代につくられた橋が一〇〇年後にも美しいかというと、大半のものはそうでもないような

永代橋 一九二六年、震災復興事業の第一号として架橋。二〇〇七年、国の重要文化財に指定

気がします。

内藤　関東大震災のあと、震災復興橋梁[4]をどうするのか大議論がありましたね。橋梁は合理的な鈑桁（ばんげた）形式で架けていくべきだという復興局橋梁課長だった田中豊に対して、土木部長を務めていた太田圓三[5]は、隅田川六橋は将来の都市の骨格になるのだから、世界最高水準の橋をつくるべきだと主張しました。太田のリーダーシップでできたそれぞれの異なる構造形式を持つ隅田川六橋は、やはり存在感が全然違います。一一五橋あった復興橋梁の予算の三分の一が隅田川六橋に投入されたそうです。そんなこと、いまならあり得ません（笑）。でも、そうしてつくられたものが、いまだに風景として愛されている。一〇〇年以上命脈を保っているんです。

林　日本がまだ貧しかった明治から大正時代の人たちは、子孫の世代のためにどうすべきかを考えていたんでしょう。だから当時の土木インフラは、意匠も含めていまでもすばらしいものが残っているのだと思います。戦後は経済がとても速く変化したので、**インフラが間に合わない**。東海道新幹線も短期間でつくらなくてはならなかったので、標準設計で同じようなトラスの橋梁

3―**廣井勇**｜土木技術者（一八六二―一九二八年）。札幌農学校（現・北海道大学）卒業。鉄道敷設事業従事などを経て渡米、河川改修工事や橋梁設計に携わる。帰国後は札幌農学校、東京帝国大学で教鞭を執りながら各地の築港を担った。

4―**震災復興橋梁**｜関東大震災の復興計画によって架設された橋梁。新しい時代にふさわしい耐震耐火構造とデザインが目指された。隅田川六橋（相生橋、永代橋、清洲橋、蔵前橋、駒形橋、言問橋）は、すべて異なる形式が採用されている。

5―**太田圓三**｜土木技術者（一八八一―一九二六年）。東京帝国大学土木工学科卒業。在学中は廣井勇に師事。鉄道院勤務、欧米留学を経て、帝都復興院土木局長。関東大震災復興土木事業の全体を統括。

ばかり出来上がってしまいました。

内藤――標準設計が悪いというより、**同時期に寿命がくる**ことが問題なのだと思います。橋梁の藤野陽三さん[6]によると、横浜では高度成長期からバブル経済期に大小一二三四もの橋梁がつくられ、それが次々と五〇年を越えて寿命を迎えていくらしい。どうするんでしょう。戦後から高度経済成長期は、時間や都市的戦略を考える暇もなかったんでしょうね。

6――**藤野陽三**｜東京大学名誉教授。一九四九年、東京都生まれ。東京大学工学部土木工学科卒業。同大学大学院修士課程、ウォータールー大学（カナダ）博士課程修了。一九九〇年、東京大学教授。橋梁全般を専門とする土木分野の第一人者。

インフラのクロノス

内藤――林先生は名古屋圏内のスプロール化によって起こるインフラコストの増加という問題を解決するモデルとして、**スマート・シュリンキング**を提案されていましたね。

林――私はサッチャー首相の全盛時代の一九八四、八五年に、北イングランドのウェスト・ヨークシャー、リーズ市に住んでいたのですが、当時は都市が衰退していて、インフラのメンテナンスがまったくできていない状態でした。インフラが荒れ、経済もどん底でウェスト・ヨークシャーでは失業率が三〇パーセントぐらい。その現実を見て、インフラを維持するということは、とてつもなく大変なことだと直感しました。日本も将来必ずそうなると思いました。つくるだけではダメです。その先の時間を考えておかないと。

それで、スプロールした都市をどうやって縮めたらいいのかを考えるようになりました。でも当時、そんな話は誰も信用してくれない。特に土木の人は、英国から学ぶものはないという人が多かった。世界最長を誇っていたハンバー橋[7]よりさらに長い明石海峡大橋をつくり始めていて、技術の先端を行っているのは日本だと自負していたからです。

「スマート・シュリンク」を提案した二〇〇〇年ごろ、名古屋市の土木費は年間約二〇〇〇億円ぐらい。でも、郊外に人口が薄くスプロールしていったために人口一人あたりのインフラ維持コストが増加し、名古屋市外の伊勢湾台風[8]の高潮に襲われた地区では、人が住むには高い堤防と多くのポンプを維持するのに大きなコストがかかり、市内の人口稠密地区に比べ約一〇〇倍という状況でした。ＱＯＬ（生活の質）が低くて高コストの地域を放置しては、自治体経営はやがて崩壊してしまうことは明らかです。そこでスプロール化した市街地をシュリンクするための戦略的指標として、ＱＯＬを一単位下げないために必要な市街地維持費という指標でパフォーマンスを見て、値が極端に低いところのインフラへの追加投資を控えていくというモデルを考えたのです。

7――**ハンバー橋** 一九八一年、英国のヘズルとバートンを結んで架橋された当時世界最長の吊り橋（中央支間長一四一〇メートル）。

8――**伊勢湾台風** 一九五九年九月二六日一八時過ぎに和歌山県潮岬に上陸、中京地区を襲った台風一五号。死者および行方不明者五〇九八名。伊勢湾地方に大きな被害をもたらした。

例えば、もちろんいきなり水道を止めるようなことはできません。だから、QOLパフォーマンスの低いところに住んでいる人にはより多く税を払っていただく原因者負担の施策を打って、QOL対コストパフォーマンスの高い地区に誘導していくシナリオです。三〇–六〇年、いや一〇〇年かかるかもしれませんが、こうやって自治体の経営を少しずつ健全化させていく。

内藤 そこに至るプログラムをきちんと組む必要がありますね。それこそ時間のファクターを組み込んだ計画、クロノデザインです。

林 はい。日本の都市の既成市街地では、建物はバラバラぐちゃぐちゃに建っていて、平均で三二年ごとに景観調和なしにバラバラの建て替えが繰り返されています。そこで、QOL対コストパフォーマンスの高い街区に性能設計制度を導入し、街区性能を規定し適合建築は固定資産税を減免する。例えば、隣棟間隔が一〇メートル以上あればA、五メートル以上はB、敷地内緑が一定量以上ならA、低炭素住宅ならA、昔の記憶を蘇らせるファサードならA、というふうに認定して、街区の将来景観形成に寄与するAが多い住宅を建てれば固定資産税や都市計画税を三二年間タダにする。そうやって少しずつ質的なストックを積み重ねていくんです。これはすべて時間の設計です。

先ほど土木インフラの寿命は一〇〇年、公共建築が三〇年という話がありましたが、建築も街区できちっとつくり込んでいけば寿命はもっと長くなります。そういうものを推奨して、地域独特の文化的香りを建築でつくりだしていくこともできるはずです。

縮退のクロノデザイン

城所――私の専門は都市計画ですので、長期的な視点で考えなければいけないのでしょうけれど、いまのお話をうかがっていて、私は時間スケールというものを一切考えていないと思いました（笑）。でもそれは時間を超越するといいますか、**時間スケールにとらわれずに何が発想できるか**を考えているんだと思います。

明治時代、ヨーロッパは日本よりも一〇〇年先を行っていたから、日本人も一〇〇年先をイメージできたと思うんです。そして高度成長期になると、欧米に追いついたからその一〇年先ぐらいを考えていた。でもその先はイメージできない。この国はモデルがないと考えられないのです。そもそも人間は、そんなに先のことは考えられない。

政策的な決定によっていろいろなことが短期的に変動するから、長期的な変動を発想するのはむしろ危険です。サッチャーの時代はまさにそうで、衰退する地方の予算をカットしてロンドンに集中投資して発展させる政策をした。それがいまや英国における縮退の大きな要因になっている。日本が縮退しているのも、政策的に失敗したからです。その認識もなく、長期的に縮退するのが当然だと設定するのは、ある種の洗脳だと思います。

内藤――縮退しないかもしれないと？

城所――いや、そういうことではなく、**縮退してしまうような政策をとったからこうなっている**ということです。東京を中心に日本を発展させようとしたから、人が集中して東京が住みにくくなった。こんな狭いところで人口が拡大するわけがない。社会的な公正を考えずに経済優先の開発をしてきたのは、持続可能性という意味では明らかに失敗で、ここらで大きな政策の転換をすべきです。

内藤 どのように変わればいいと思いますか。

城所 都市計画という意味で言えば、**東京中心の政策を転換させる必要**があります。都市を過密にし、かつ膨張させて経済発展させるような政策はやめるべきです。一九八〇年代までは、東京を抑制して均衡ある国土政策が考えられたこともありましたが、それ以降、そのお題目すら唱えなくなった。そこは考え直すべきです。

内藤 城所先生は、東京の人口は減っていくとお考えですか？ 私は人口予測をかなり綿密に予測検討する勉強会に参加していますが、東京の人口は少なくとも三〇年ぐらいは変わらないようです。でも、この五年以内に首都圏の鉄道利用者の利用形態が激変することはわかっています。大量の会社員が定年を迎えると定期券利用者が激減する。つまり活性度の低い高齢者が首都圏を形成するようになる。その人たちはやがて亡くなっていきますが、首都圏には大学などがあるから若い世代の流入もあるので、人口は減らない。逆に言うと、地方都市は血を抜かれるように細っていく。例えて言うなら**東京は「漬けもの」のようになり、地方は「干もの」のようにひからびていく**（笑）。東京と地方の問題が二極化していきます。

［コラム——11］

東京一極集中と社会格差：インクルーシブな都市をいかにつくるか

城所哲夫

◎近年、グローバル化とサッチャリズム以来の世界レベルでのネオリベラリズム都市政策のグローバルな展開のもとで、世界中で社会格差が大きな問題となっている。社会格差問題を空間的観点から見ると、大都市と地方間の地域格差問題、とりわけ巨大都市圏への集中問題という国土スケールでの問題と、巨大都市圏内部での都市内格差問題という都市スケールでの問題から構成される異なるスケールでの社会格差問題が同時に起きている。

◎実際、現在、世界で拡大する新型コロナウイルス感染症パンデミックの背景として、大都市圏への過度の集中と社会格差の問題があることは論をまたないであろう。国土レベル、都市レベルで拡大する社会格差の問題に対して都市政策、国土政策はどのように応え、インクルーシブな都市と国土へと転換していくことができるだろうか。インクルーシブな都市とは、社会的公正の観点から社会的格差とそこから生まれる空間的格差を解消するとともに多様な人びとを受け入れる寛容性を持った都市のことである。巨大都市への集中に対する最も効果的な抑制策は、現在の野放図な規制緩和のもとでの大都市における容積率の大盤振る舞いをやめることである。国際競争力は野放図な容積率緩和によって巨大オフィスビルやタワマンを建設することからは決して生み出されない。豊かな住環境とクリエイティブで魅力的なまちこそが世界から人びとを惹きつけるのである。

◎一方、地方における集積の利益を増進する鍵は、地方を低家賃の住宅を含む多機能でクリエイティブな場としていくことで、その地域のライフスタイルを彫琢すると同時にクリエイティブな人材を呼び込み、地方のイノベーション力を高め、活性化を図ることが肝要である。一方で、巨大都市のインナーシティは、地方から、あるいは、在日コリアンや近年では中国等の外国から流入する多様な人びとを受け入れるゲートウェイとしての機能を持ち、寛容性の文化が醸成され、都市型文化・産業のインキュベーションの場としての役割を担ってきた。したがって、密集市街地の改善においては、問題市街地としていたずらに否定するのではなく、個別更新を基本とした漸進的改善が望ましい。

◎新たな時代の国土政策として、東京一極集中政策から決別し、地方の持続可能な発展と大都市内の都市分断の解消を強く支援するインクルーシブな国土・都市空間を実現することを、国の政策として明確に打ち出すことが強く求められる。

城所　確かにいまの政策を続けていくと、そうなりますね。「地方創生」と言っていますが、東京は振興させます、地方もがんばってください、というのでは地方が勝てるわけがありません。まず東京を抑制することを優先させるべきです。高齢化するのは仕方がないとしても、これ以上若い人たちを東京に流入させない。地方で暮らしたい人たちはちゃんと暮らせるようにしていくべきです。

以前インターネットで行ったアンケート調査では、二〇―三〇代の約三割が「東京よりも地方に住みたい」と答えていました。でも仕事がないので東京にとどまっている。多くの若い世代は、こんなところに住みたくないと思っているんですよ。地方に受け皿をつくり、UターンやIターンでこれから移り住む人たちをそこに集めていけばいい。

県庁所在地はそれなりの魅力があるけれど、人口二〇―三〇万人ぐらいの都市がなかなかやっかいです。魅力がないんですよ。都会から地方に行きたいという人は、車に頼らないライフスタイルを好むのに、田舎は車がないと住めない。地方都市は歩く暮らしが失われている。現状は八方ふさがりの状態です。中心市街地を見直して魅力的なまちを復活していくには、そこに政策的な資金を投入していくしかありません。

伊藤　中心市街地は大事ですね。最近は、マンションが林立して他の機能がほとんどないような駅前を見かけるようになりました。駅前のマンションに住み、車で郊外のショッピングセンターに買い物に行くそうです。奇妙なまちなかのライフスタイルだと思いました。いろんな機能があっていろんな人が行き来する、というような私たちが思う「まちなか」だったり「暮らしの時間」が、そもそも成立するのか心配になります。単に人口を集中させればいいということではなく、教育や生活の質を含めた**暮らしの時間をどう構想していくのか**が大切です。

城所　コンパクトシティ化はいいのですが、それだけだと農村部は空き家ばかりになり、中心部はマンションだらけになってしまう。キー・パフォーマンス・インディケーター（key performance indicator：重要業績評価指標）さえ達成すればいい、といった政策は相当問題がありますね。そこには具体的な暮らしの時間が見えてこない。

伊藤　便利さだけに価値を認めるような生活が拡大しすぎてしまったのでしょうね。空間配置だけで評価することから脱却するためには、暮らしの時間がイメージできるようないい事例を増やしていくという、地道なやり方も一つだと思います。

地方のクロノス・都市のクロノス

田井　「地方創生」という言葉を掲げるだけでは国全体の理解が得られないし、そもそも地方には人は増えません。日本という国土を維持するためには、絶対に地方を衰退させてはいけません。本当の意味での地方創生が必要です。

内藤 都市以外の地域は国土面積の八割を占めています。それを保持するためには、そこに暮らす一定の人口が必要です。山間地はかなり高齢化しているし、ここ数年の集中豪雨で相当な被害を受けましたから、流域もかなり疲弊していますね。

田井 林業がなくなると山は荒れていきます。中山間地域にあるような誰がつくったのかわからない用水路のように、日本中に張りめぐらされている小さなインフラは、一度崩壊してしまうともとには戻せません。本当はそういうものまできめ細かく維持しないと日本という国土はダメになってしまいます。

船水 私たちが一生懸命整備してきた上下水道のような水システムは、大変大きな私たちの資産です。しかし、残念なことに、過大な資産であるがゆえに、その維持が難しくなることが予想されています。身の丈に合った資産に縮退させていくには、長い時間のなかでのデザインが必要になると思っています。特に、フューチャーデザインの観点からは、この議論のなかに将来世代からの視点を加える必要性があると思います。

内藤 一般社会の合意がないと、城所先生が言われたような政策転換はなかなか難しいんでしょうね。そのためには、学術会議のようなアカデミックなバックグラウンドを持つ人の影響力も必要です。この場所であえて時間をベースにした発想転換を提案しようとしているのもそのためです。

田井 九州大学の馬奈木俊介先生[9]が、これまでストッ

9――**馬奈木俊介**｜九州大学教授。一九七五年、福岡県生まれ。九州大学大学院工学研究科修士課程、ロードアイランド大学大学院博士課程修了。二〇一五年より現職。専門は経済学、都市計画学。

クしてきたインフラをきちんと評価して、その総和を経済発展の指標にすることを提案されています[10]。GDPだけでなくこうした指標によって、**地方が何を受け持っているのか**をきちんと評価すれば、道が見えてくると思うんです。

内藤　JR東日本は、新潟県の信濃川発電所の電力で東京の山手線を動かしています。一方、都会で暮らしている私たちは、地方のお世話になっていることをつゆ知らず山手線に乗っている。そういうマクロな意識転換から始めないといけないのかもしれませんね。

林　そうですね。私たちの暮らしを支えるのは自然も含めたインフラなのに、都会の人は自分たちが地方とどうつながっているのか認識していません。日本の経済を支える都市を並べると、一番上に東京、そして大阪、名古屋、福岡、広島と続きますが、逆に、日本のエコシステムを維持している地域を上から並べると、四万十川流域が一番で**東京は一番下に位置する**。

　これだけ気候変動が顕著になってくると、経済を活性化してGDPを上げるよりも自然を維持していくことが重要になってきます。そうしないといくら経済力を上げても、私たちは生きていけない。だから、トータルな税の概念をつくっていく必要があると思います。例えば東京の港区に住んでいたら、自然を維持している地方からこれだけの恩恵を受けていますという数字を示し、住民税にそれを加算する。そうやって、見える化することで社会的な合意をつくっていくべきです。

10——馬奈木俊介、池田真也、中村寛樹『新国富論——新たな経済指標で地方創生』岩波ブックレット、二〇一六年。

［コラム――12］

将来世代のためのサニテーション価値連鎖

船水尚行

◎

サニテーションとは、ヒトが排出するし尿・排水・廃棄物を輸送・処理・再利用・最終処分するシステムやサービスのことを指す。日本では、管路と処理施設からなる下水道のような巨大なシステムが建設・維持されてきた。世界的に見ると、南アジアやサブサハラ・アフリカ地域などの開発途上国では、サニテーションの普及が進まないという現実がある。一方、日本では、「低経済成長・人口減少という状況のなかで水インフラの維持・管理や更新を行うのが難しくなる」との予想もある。筆者が住んでいる北海道の石狩川流域では、水施設の一人あたりのストック額が大きく、資産の更新を難しくしている。

◎

サニテーションの普及の進んでいない開発途上国では、「携帯電話は持っているがトイレは持っていない」というように、サニテーションが使用者に提供している多様な価値は、使用者の価値観のなかでは相対的に低いことを意味している。また、図［次頁］に示すように、日本の下水道は、きわめて多くの関連主体が関与しなければ実施できない仕組みになっている。すなわち、サニテーションは単なるハードウエアのデザインではなく、利用者を含む多様な関連主体からなる価値連鎖のデザインにほかならない。このことが、サニテーションの普及を難しくしている。そして、サニテーションにかかわる投資は他の用途と比較して相対的に多いものとなっておらず、政策的な優先度も必ずしも高くはない。

◎

サニテーションにかかわる意思決定は将来に向けての投資・政策決定であることは言うまでもない。現在の人が将来の世代のためにデザインしているわけである。「仮想将来世代人が政

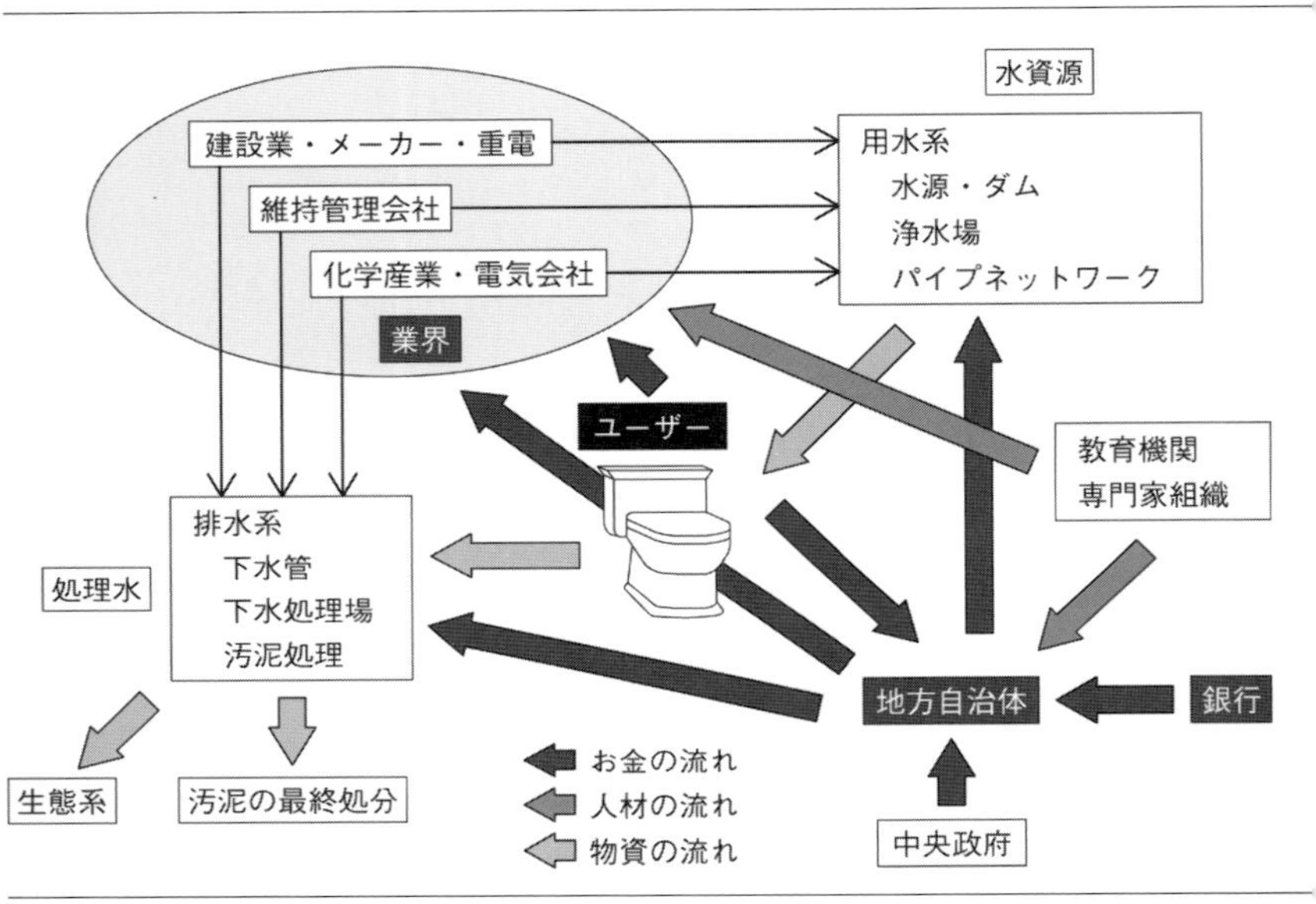

現状のサニテーションを支える関連主体群（出典：船水尚行「サニテーション分野の持続可能な開発目標達成に向けて」『土木学会誌』第一〇二巻一一号、二〇一七年一一月、六–九頁）

策の立案・実行を『ひとごと』ではなく『自分ごと』にする社会の仕組みをつくる」と西條[1]が述べている。サニテーションシステムの使用者だけでなく、サニテーションシステムで便益を受ける多様な主体の将来世代の利害も考え、サニテーションを価値連鎖としてデザインしていく必要がある。サニテーションの仕組みは大きな資産を必要とするため、現在世代のみでは支えることができない。本質的に将来世代とともにつくり上げ、運営していくシステムである。

［註］

1　西條辰義「フューチャー・デザイン――持続可能な自然と社会を将来世代に引き継ぐために」『環境経済・政策研究』第一一巻二号、二〇一八年九月、二九–四二頁。

内藤　城所先生は、先ほど時間スケールに否定的なことを言われましたが、研究室のウェブサイトでは、プロセスをベースにして東日本大震災の広域復興のビジョンを描いていますね(笑)。

城所　そういう意味でのクロノスはもちろん考えますが、何年後といった時間軸は示していません。いま目指すべきものは何かというビジョンです。

内藤　岩手県の大槌町で大方潤一郎さん[11]が公にした人口予測によると、二〇三〇年には人口は半分ぐらいになる。それでも、区画整理や高台移転が進められている。人口予測は伏せられたまま「いま」のみに対応する復興の姿というのは不自然なものになりがちです。

以前、大槌新聞の記者に「人口予測はいいけれど、そうならないために東京から学識経験者を呼んでいるのではないですか」と言われたとき、返す言葉もありませんでした。人口減という時間軸に対するイメージが共有化されていれば、もう少し身の丈に合った復興の姿があったかもしれません。これは復興における時間意識の欠如です。

城所　その記者が問題にしたのは、人口が減っていくということより、その根っこにある都市と地方の社会的格差の問題なのだと思います。そんなことは、震災前から顕在化していたにもかかわらず、これまでの計画に反映してこなかった。むしろ、このまちは高度成長期に人口が増えて都市化し過ぎていたのだから、人口が減ったほうが住みやすくなるんじゃないですか、とい

11 ——**大方潤一郎**｜東京大学名誉教授。一九五四年、神奈川県生まれ。一九七七年、東京大学工学部都市工学科卒業。一九八七年、同大学大学院博士課程修了。一九九八年、東京大学大学院工学系研究科教授。専門分野は都市計画、地域社会のマネジメントなど。

1｜三陸の自然と文化を再生する。

・巨大津波防潮堤に象徴される、人と自然を分断する社会から、津波防潮堤を建設せず、むしろ、取り除き、自然と文化の再生を丁寧に進めることにより、自然と共生する社会へと価値観を転換する

2｜縮退を積極的にとらえ、生活文化を継承するまちなみを集落ごと地域ごとに漸進的に育てる。

・人口の減少にともなう市街地の縮退と内陸、高台で津波災害を避け、さらに今までの生活文化を継承するまちなみを、ニュータウン的な発想で大規模・画一的に建設するのではなく、集落ごと、地域ごとに漸進的に育てる

3｜雇用の場を内陸へと再配置する。

・水産加工業等、歴史的経緯のもとで港に近接して立地しているものの、内陸に立地することが可能な雇用の場は、内陸に立地することを誘導する

4｜「産業の誘致」から「人を惹きつける」ことへと地域活性化の考え方を180度転換する。

・豊かな自然文化とともに暮らす三陸ライフスタイルを世界に発信し、その自然と共生する価値観に共感する人々を三陸地域へと惹きつけ、地域活性化へとつなげる

・仙台、盛岡さらには新幹線、空港へのアクセスの強化により、都市文化も同時に享受することができる、活気のある地域像をつくりあげる

・多様な定住スタイル、若者にとって魅力的なライフスタイル、起業しやすい環境をつくる

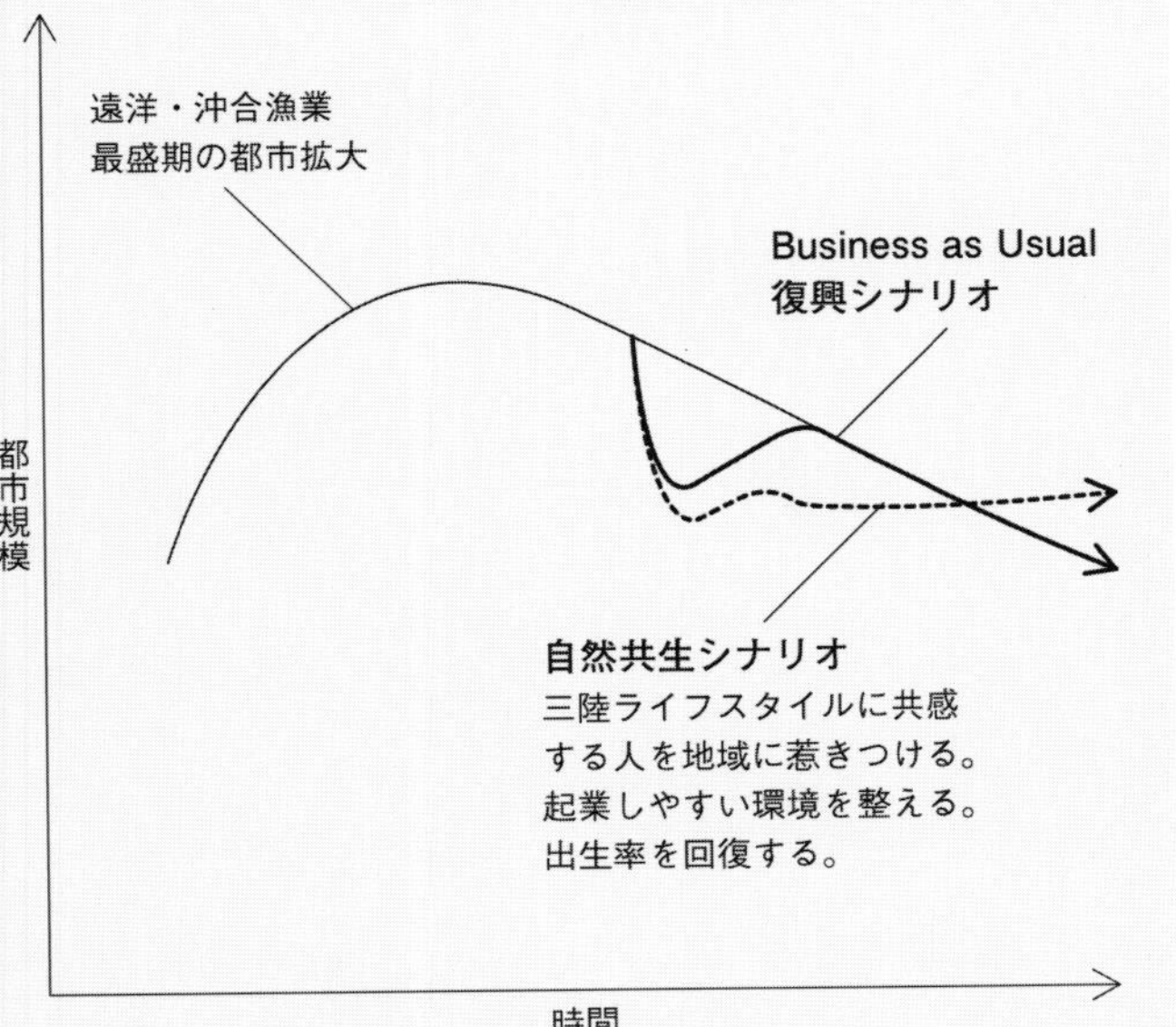

三陸復興ビジョン
自然共生シナリオに沿った三陸広域復興原則の提案（上）（出典：城所哲夫「東日本大震災後の国土のあり方と三陸復興ビジョン」二〇一二年）、三陸復興計画に対する通常の（Business as Usual）シナリオと長期的な再興を目指す自然共生シナリオのイメージ（下）

う提案の仕方が本来あるべきだったと私たちは考えたんです。

内藤 この図ですね［前頁］。

城所 はい。東京を抑制し、税の再配分によって地方を振興していく。人口は減るけれども住みやすいまちをつくるビジョンを示すことが大事です。当時、地元を行脚して説明しましたが、受けが悪くて、誰も取り上げてくれませんでしたが（笑）。

矛盾する都市空間のクロノス

内藤 先日、浅見先生は、これからは「動的ゾーニング」というものがあり得るのではないか、ととても面白いことをおっしゃっていました［P.068］。これはまさにクロノデザインと言えます。

城所 動的ゾーニングは面白いと思いますが、日本の土地は個人の権利が強過ぎるから、相当難しいと思います。気候変動の時代、動的ゾーニングが大事になってくるとすれば、土地の権利をやわらかくする方向に手をつける必要があるのだと思います。

林 オランダのロッテルダムは、ライン川沿いの堤防をかさ上げすることで水害を防いできましたが、一九八〇年代後半から気候変動でライン川に異常な水位上昇が起こり、もう無理だということで、堤防を高くするのを諦め、堤防は低く厚くつくり、それ以上の洪水時には、その背後の遊水池や農地に水を越流させて貯める「Room for the River（川のための余地をつくる）」という考え方です。日本の信玄堤ですね。海岸堤防も同じ考えですが、海水が越流して塩分が入ると農業に支障が出ます。河口付近の土地で農業をするための塩分を抜く予算を準備するほうが、堤防を高くするよりも安くて合理的なのだそうです。それこそ動的ゾーニングのようなことが行われています。

城所——欧米では、土地の共有感覚を維持したうえで、みんなで最適な考え方をしていくゾーニングの概念が定着していますね。日本でそういった合意を導くには、かつての入会地[12]のような概念を復活させる必要があると思います。

内藤——新しい入会地はいいですね。河川行政だけでは国土を守りきれないことは、みんなわかり始めています。河川の問題は都市とリンクさせないと保持できないことは明らかで、これからは面的な流域の総合政策で考えるべきです。大きなビジョンになるから時間もかかる。そこに向けた合意形成のためのクロノデザインが必要なはずです。

田井——山の上から海まで、管轄がバラバラというのは根深い問題です。集中豪雨が続くと河川だけでは守りきれません。昔そうだったように、水を堤内地側の遊水池や人口の少ない地域に逃がすような、流域全体で取り組むべきなんでしょうね。

内藤——二〇一九年の台風一九号では、荒川と多摩川は破堤ぎりぎりだった。どこかでクラッシュする前

12——**入会地**｜地域住民が共同で使用収益する入会権が設定されている地域（山林原野、漁場など）。

に、できるだけ早く手を打たないとたくさんの犠牲者が出てしまいます。伊勢湾台風の犠牲者は五〇〇〇人以上でしたからね。

林 江戸川区では、荒川や江戸川が氾濫したり高潮が起こったりしたら、他の区に逃げるよう警告していますね。区の大半が浸水したらインフラが止まり、救助も難しくなり、孤立してしまう。

城所 皮肉な見方をすると、なぜ多くの人がそういう地域に住むようになったかというと、地価が安いからです。そこを見過ごして、「危ない」と言うだけではダメで、これまでの政策に誤りがあったことを認め、公営住宅を整備してそちらに移ってもらう。十分な治水対策ができないのであれば、**これまで治水に使っていたお金を住宅に使う**。住民が健康で文化的な住宅に住む権利を認め、そこにお金を割くべきでしょう。これは東京だけではなく、どの都市でも一緒です。

田井 私は福岡県に住んでいるので、ここ数年、九州を襲った豪雨の災害状況はおおよそ把握しているつもりですが、水害に見舞われているのは意外と新しい家なんですよ。むしろ空き家のほうが無事だったりする。新興住宅地は土地が余っていたところに開発されているので、そもそも災害に弱い地域なんですね。私のような洪水の専門家から見るとあまり住みたくないような場所にも高級住宅地ができています。空き家がたくさん残っているような**古い集落のほうが、むしろ安全な土地なんです**。

こんなに災害が頻発しているのに、いまだに危ないところに家が建っている。ハザードマップの浸水エリアに避難所が設定されたりしていますから、非常に怖いですね。

林――一斉に開発したところが、豪雨でやられているということですね。大型重機のない時代は、安全なところにしか建てられなかったからね。

内藤――新潟県中越地震[13]でも旧集落はほとんど大丈夫でした。昔の人は経験的に五〇年前、一〇〇年前に起きたことを受け継いでいたんでしょうね。その経験知が現代に活かされていないことが問題です。一〇〇年前の人に聞いたら、「あんなところに建てちゃダメだよ」と言われるようなところに平気で家を建てたりしていると思うんです。

田井――この数年、集中豪雨を受けた朝倉市[14]の被災地でも、「そもそもあそこは危ない」といった声をよく聞きました。

内藤――私はこの二〇年、宮崎県の日向市のまちづくりにかかわっています。ところが、南海トラフ地震の津波によって想定される死者は、宮崎県で約三五〇〇〇人、そのうち、日向市で一五〇〇〇人と二〇一三年に発表されて驚きました。日豊線に乗ると日向灘がきれいに見えますが、それは堤防がないからです。林業で繁盛した時代、田んぼを住宅地に開発してしまったようなところはどこも危ない。

城所――七〇年代以降、新産業都市として堤防整備とともに開発してきた低い平地は、そもそも危険な場所だということかもしれません。石巻市で津波の被害が大きかったのも、そういう地

13――**新潟県中越地震**｜二〇〇四年一〇月二三日、新潟県中越地方で発生した内陸直下型地震。阪神・淡路大震災以降はじめて震度七を記録。

14――**朝倉市**｜福岡県中南部（筑後地域）に位置する。二〇一七年の九州北部豪雨では、市内各地で土砂崩れや河川の氾濫が発生。二四時間降水量の値が観測史上最大級となった。

九州北部豪雨（二〇一七年）の被災状況　上：土砂災害により孤立した山奥の家屋（朝倉市）。下：有明海の干潟に漂着した流木（佐賀市）

域です。古くからある中心市街地は、いい場所に立地しています。

内藤――次の均衡点をどこに据えるのか、難しい問題ですね。三陸の復興にかかわっていると、明治時代に作成された迅速測図［15］のかたちに戻るのがよいのではないかと、ふと思うことがあります。当時は山裾に張りついて住んでいた。われわれは無理をし過ぎているのではないかと。

高まるクロノスの予測不可能性

伊藤――この四〇年間で、人口分布が大きく変化していま す。大域分散・局所集中［16］から大域集中・局所分散［17］になっているのではないかと思います。

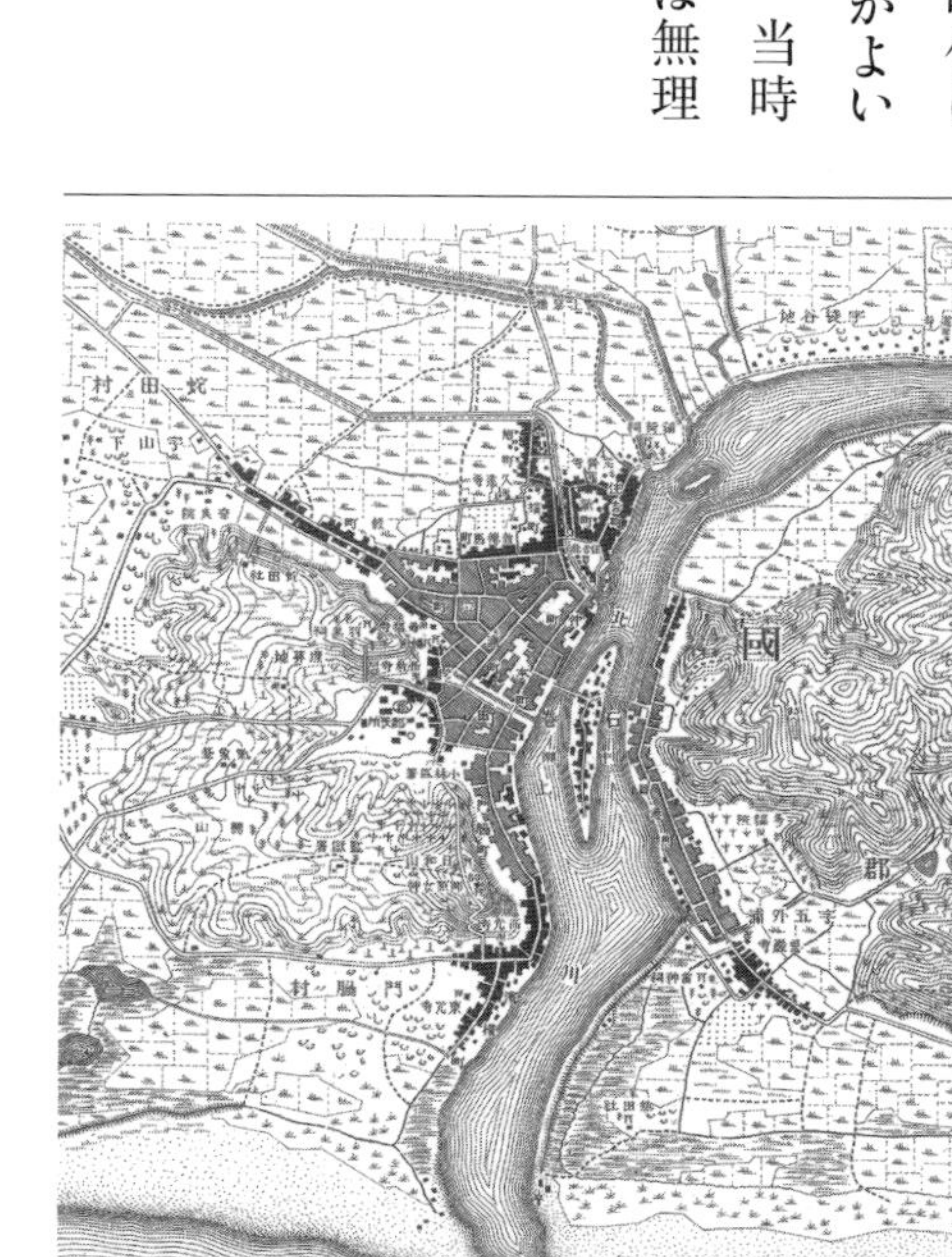

石巻の二万迅速測図（一八九二年測量、第二師団参謀部作製）

15――**迅速測図**｜明治期、陸軍によって測量・作製された縮尺二万分の一地図。近代測量法による地形図としては日本最初期のもの。

16――**大域分散・局所集中**｜国土レベルや都市圏レベルでは人口が遍在しており、地区や集落レベルでは比較的高い人口密度を保っていること。

内藤　パラダイムが変わっているんですね。

伊藤　はい。例えば、千葉県のＤＩＤ（Densely Inhabited Districts：人口集中地区）の変化を見ると、四〇年間で東京湾沿いに大きく広がりましたが、よく見るとポツポツと点在していた小さなＤＩＤが消えているんです。国土全体で見ると東京圏に集中していますが、一方で郊外は薄く広がり、集落みたいな小さくて適度な密度のものがなくなってきています。この傾向は強まっています。

内藤　どう変わればいいんでしょうか。

伊藤　地方の交通行動が変わる必要があると思います。何を生業にして生きていくのか、買い物や通勤・通学はどうするのかといった**暮らしのイメージを描き直すこと**。そこを考えていかないと、おそらくこのまま大域的には集中し、寄って見ると自動車に依存した薄い密度の居住になるのではないでしょうか。

17——**大域集中・局所分散**｜東京一極集中のように、国土レベルや都市圏レベルでは人口分布が集中する傾向にあり、地区レベルでは自動車移動を前提とした分散的な人口分布になっていること。

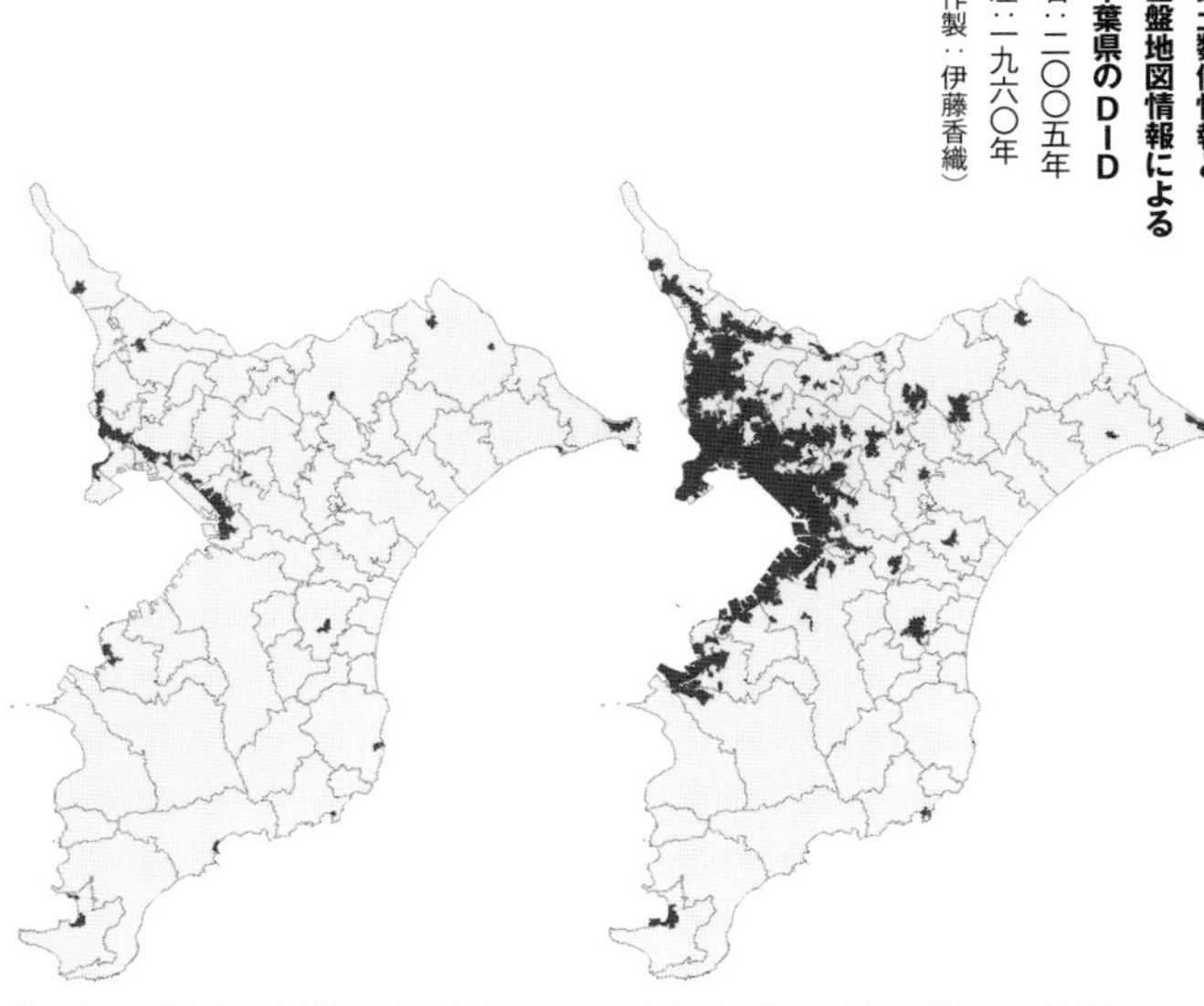

国土数値情報と基盤地図情報による千葉県のＤＩＤ
右：二〇〇五年
左：一九六〇年
（作製：伊藤香織）

内藤　暮らしのイメージということは、そこで過ごす時間のイメージのことですね。おそらく、首都圏のお金の再分配の仕方が間違っているんでしょうね。首都圏以外の地域のインフラ整備の仕方を再検討していく必要があるのかもしれません。

伊藤　スマートシティ[18]に関連する会議に出ていると、情報技術の発展が速いので**予測不可能性が非常に高まり、具体的な都市像が描きづらい**というようなことが議論されています。戦後の経済変化が速かったというお話がありましたが、情報技術がさらに速く発展すれば、土木というハードは当然追いつかない。出来上がったころには、社会がまったく変わっているということもあり得ます。

林　情報とハードをハイブリッドにすることで時間の遅れを調整できるような柔軟なインフラみたいなものが考えられるといいですね。

内藤　先日、別のセッションで小野先生が、アフリカの都市は道路が舗装されてもいないのに、みんなスマートフォンを持っている。情報インフラが先行し、いわゆるハードウエア整備はあとから追いかけるように進められている、という話をしていました[P.161]。アフリカの都市はわれわれが経験しているのとは違うプロセスで出来上がりつつあるようです。

城所　経済は情報で代替できる部分がありますね。しかし、水をどうやって貯めるのかといったインフラは代替できない。

18――**スマートシティ**｜IoTなどの先端技術を活用し、再生可能エネルギーや電気自動車などの交通システム、省エネ型の建築など、地域全体でエネルギー需要や環境保護に配慮した資源循環型都市。

［コラム——13］

気候変動による水環境への影響予測

田井 明

◎

私は大学で土木工学の水理学分野に関連する研究・教育を行っている。研究は、九州周辺のフィールドを中心に河川や海の水環境に関するテーマに取り組んできた。最近は、洪水災害や海域の水質の悪化のメカニズムについて特に注目して研究を行っている。

◎

近年、わが国では毎年のように豪雨による水・土砂災害が生じており、大きな被害が生じている。このような自然の脅威に対して、洪水災害の現場で調査・研究を行い、災害のメカニズムの解明や復旧・復興に向けた知見を提供してきた。加えて、豪雨災害時には、河川や海の水環境も大きな影響を受けており、災害による水環境の被害状況やその後の回復過程についても調査・研究を行ってきた。

◎

水・土砂災害は近い将来、地球温暖化などによる気候変動の影響で激甚化していくといわれており、社会の持続的な発展のためには、そのような気候に適応した社会をつくっていくことが必要である。国際連合が定めた持続可能な開発目標SDGs（Sustainable Development Goals）のなかにも気候変動への具体的な対策を行うことが含まれており、人類が一丸となって取り組むべき課題の一つでもある。

◎

私が現在住んでいる九州は日本列島の南部に位置し、日本で最も早く気候が温帯から亜熱帯に近づいていく「亜熱帯化先進地」と考えられる。図は、スーパーコンピュータを用いた将来気候予測シミュレーション結果（地球温暖化に資するアンサンブル気候予測データベース、d4PDF）の解析結果をもとに作製した九州地方の現在の気候、平均気温が二度上昇した気候、同じく四度上昇した気候における五〇年に一度生じる豪雨の変化を示したものである［次頁図］。

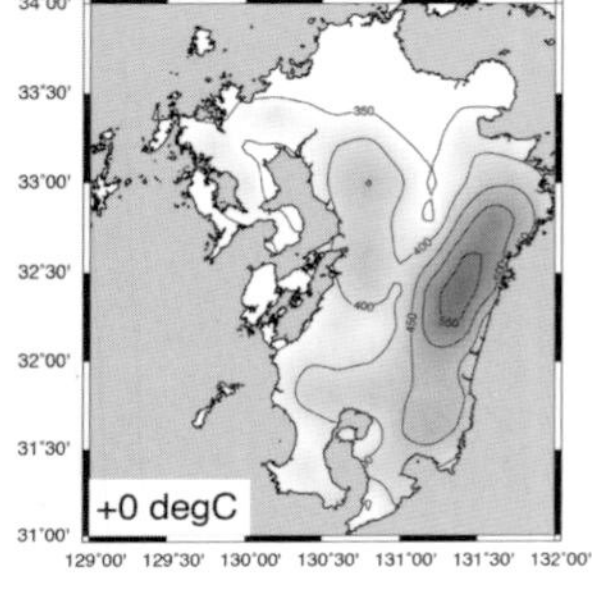

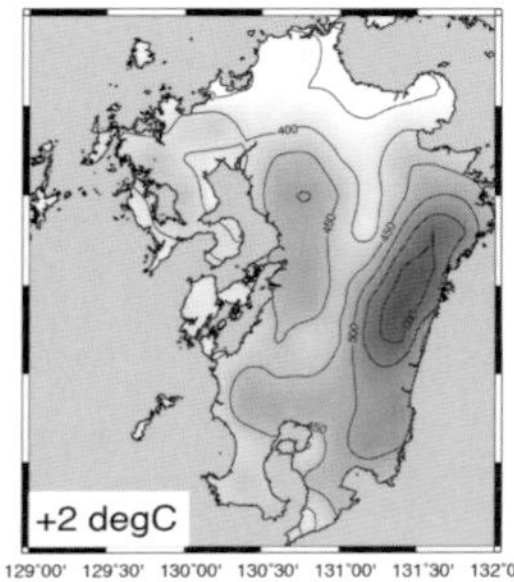

九州地方における五〇年に一度生じる豪雨の変化｜左：現在の気候。中：平均気温が二度上昇した気候。右：平均気温が四度上昇した気候

平均気温が上昇するのにしたがい、降水量が増加しており、地球温暖化により水・土砂災害が激甚化していくことが予測される。このようなデータをもとに気候変動下において水・土砂災害の被害や水環境への影響を小さくする方法を「亜熱帯化先進地・九州」で具体的に検討していこうと考えている。

◎

気候変動は数十年スケールの時間軸で徐々にその影響が顕在化していくと考えられる。そして、その間に人間社会もその価値観も大きく変化していくため、将来のよりよい社会を設計することはそう簡単ではない。その際、本書で議論されている「クロノデザイン」という概念がこれからの社会を設計していくうえで必要不可欠な考え方になると考えている。

内藤　でも、政策的な提案を得るための合意形成は、これまでとは違うかたちがあるのかもしれません。例えば、飲み水が大事だとみんなが合意すれば井戸や水道などの政策を優先的に進めるとか、サイバー空間から逆照射して政策のプロセスを考えるやり方もあります。

情報技術の革新が近未来の予測不可能性を高めている一方で、ハードウエアとしての土木も、地球環境の変動で予測不可能性が高まってはいませんか。

田井　そうですね。予想できない洪水が増えていますから、それにどう対応していくのか、難しい問題になっています。土木の対応としては、ダムを増やしたり堤防を上げたりといったハードなインフラの構築か、危険な地域の住民を安全な場所に移転してもらうといった方法しかありません。特に海面上昇となれば、日本全部の沿岸が吸収されてしまうので、相当大変です。

土木技術が進みいろんな場所に多くの人が住めるようにした結果、予測していなかった気候変動によって災害を招いてしまう。土木技術者としてとても残念です。いまの土木の枠組みでは対応しきれません。**都市や建築も含めた次の概念を構築する**ことが必要だと思います。そもそも土木は、人が住めないところにいかに住むかということを考えてきた学問です。人口が増え、社会が発展してきた時代に対応した時間スケールでしか考えてこなかったのです。土木の長い歴史のなかでも、社会の衰退に対する考えは持ち合わせてこなかった。

今後、人口が減っていくという時間をとらえながら、社会をどうつくっていくのか、土木構築物をつくるのか、維持していくのか、もしくは減らしていくのかを考えるためには、さまざまなアイデアが必要です。「クロノデザイン」という言葉は、建築、都市、土木という分野がそれを議論する土俵になるのではないかと期待しています。

モノがコトを支える未来

内藤　これまでの東京の開発には、高層高密か低層低密のモデルしかありませんでした。あくなき空間占有の欲望がその駆動力になっているからです。私は豊かな時間を醸成するような「中層高密」や「中層中密」が新しいビジョンとしてあってもいいのではないかと思っているんですが。

林　そう思います。一つの街区に戸建て住宅と三〇階の高層マンションがあるから、むちゃくちゃになっていますね。

城所　一応弁護させていただくと（笑）、都市計画的には中層住宅地というものを夢として描いてきたのに、それが失敗したから現在の状態になっているんです。

内藤　失敗した理由は？

城所　東京は、低層住宅で都市が出来上がっていたから、土地が細分化している。それを再開発して中層化しようとしたわけですが、土地の集合ができないので工場跡地や駅前のようなところで高層化して、**全体の密度で帳尻を合わせようとしてきたんです**。台湾の台北では中層住宅で街

［コラム―14］

ポスト・コロナの交通と都市空間デザイン

林 良嗣

◎

二一世紀に入って人口減少と高齢化が顕在化した日本社会。一方、若年層はいつの時代にも新しいことを考え価値観は常に多様化してきた。しかし、インフラとしての都市は、人びとの価値感の経済からQOLへの変化に気づかず、半世紀の間、ほとんど生活変容せず取り残された。日本の大都市は、大量流入した二〇世紀の真ん中生まれの団塊世代までの人口が圧倒的多数を占め続け、未来世代の希求がかき消されて継承不可能空間となった。

◎

加えて、最近になって都市住民は、気候変化に起因した気象災害、地震などの自然災害に対して危険だと思い始めているが、二〇世紀後半以降、大都市では神戸以外に壊滅的大災害に遭遇していない。東京では、台風、地震のために電車が止まって帰宅困難になっても、翌日には回復している。そのためか、企業も政府も市民も本気で行動しない、不感症となっている。

◎

そこに、新型コロナパンデミックである。これは、明日回復するものではなく、早くても回復までに二、三年を要し、それまで毎日、命の危険に晒される。対COVID-19ワクチンが開発されても、また次の新しいウイルスが到来するだろう。さらには、水害、地震、熱波などとの複合災害が常態化するであろう。

◎

都市空間はどう再デザインされるべきか？ その一つは、真に豊かになるために「ダウンサイズド・エコノミー（小型化経済）」に向かうこと。九時始業のため人びとが朝一斉に都心に移動し、五時に終わると一斉に郊外に向かう「二〇世紀の愚かな非常識」を即刻止め、勤労者の苦痛を軽減してQOLを高め、公共交通の破綻を防ぐ。大都市でも在宅勤務が普及すると、鉄道会社はより多くの乗客を得て増収を図るビジネスモデルが成立しなくなる。そのため、混雑傾斜運賃によりピーク需要を抑えてインフラ・車両投資や人件費を大幅に減らし、利益を増やす。需要が平準化されれば、非常時対応も容易となる。

◎

もう一つは、「リバーシブル交通・都市システム」すなわち常時–非常時に自在に裏返しのきく交通・都市への構造転換である。そのために、大都市を中心都市、郊外市町村、近隣住区、街区の空間階層に応じて、オペラハウスや高度医療施設から、日常機能まで「中心地機能階層構造」を構築する。そして、ロックダウンしても、憩いのオープンスペースや小川があり、高齢者や子どもを共助によって支えられ、大都市の都心に行かずに生活基本サービスが保障される最小単位として「二一世紀近隣住区」を設定する。次に、災害低リスク地区を選定し、そこに住めば、通勤しなくても快適に仕事と生活ができるよう、街区単位で十分な住宅床面積とオープンスペースを有する「継承可能街区ストック」を形成する。

◎

東京という二〇世紀世界最大の発展途上国型都市は、限界に達した。コロナには一四日後、一カ月後を予想して今日の対策を取るべきであると同様、都市は最低限五〇年前に対策を取らねば、改造半ばで大災害に見舞われる。およそ三七〇〇万人が居住する東京圏には災害高リスク地区が大きな面積を占める。コロナ禍は、都市が脆弱さから脱するには、適正規模に地方分散することが必須であり、災害、感染症に強くQOLの高い「継承可能都市」へ移行する最後のチャンスであると警鐘を鳴らしているのであり、これを逃せば都市が生き延びる保証はない。

区が成立していますが、あれは更地だったからできたんです。

でも結局、日本人には「中層住宅」に住みたいという価値観があまりないのではないかとも思います。魅力的なものがなかったんでしょうね。

内藤 建築家の責任かもしれませんね。UR都市機構（旧日本住宅公団）が本当に良質な中層住宅を提供できたかというと、必ずしもそうではない。高蔵寺ニュータウンに行くと、あの時代の夢みたいなものは感じられるけれど、天井が低くて広さも限られているから、変えようと思っても変えられない。戦後に大量供給された公団住宅の天井高や広さにゆとりがあったら、いかようにも転用できたはずです。

城所 そうですね。土地は安かったはずだから、四〇－五〇平米ではなく、一〇〇平米にしておけばよかったのにと思います。

内藤 超高層を建てるデベロッパーには、できるだけ階高を上げるようにと言うんですが、そこを詰めるのが一番コストダウンに効くので、みんなやりたくないんですよ。高さがあればいろんな転用もできてもっと可能性が広がるはずです。

二〇〇〇年を過ぎたころから、「モノからコトへ」がトレンドになりましたね。モノのデザインよりコトのデザインのほうが大事ということですが、あまり新たにモノをつくれないこれからは、**「モノ」が「コト」を支える時代**が来ると思っているんです。

伊藤 そうですね。コトをつくるためのモノのクオリティが見直されてきている印象があります。

内藤——インフラも公団住宅も、高度成長期にはモノを大量につくった。それはちょっとおかしいだろうということで「モノからコトへ」と言うようになった。だけど、これからはそのもう一つ先に、「モノがコトを支える」時代が来るんじゃないか。実際、ヨーロッパのまちはそうなっていますよね。中世につくったハードウエアが都市の骨格になって、そこで起こるコトをいまでも支えている。都市や建築だけでなく、われわれが使うあらゆるものが、人の気持ちを豊かにし、そこで生まれてくる時間を支えてくれる。これから大事なのはそこかなと思います。

ディスカッション

4

情報をめぐるクロノデザイン

山本佳世子

伊藤香織

小野 悠

保井美樹

情報を可視化する

山本佳世子｜伊藤香織｜小野 悠｜保井美樹｜オブザーバー――赤松佳珠子＋内藤 廣

内藤――今日もオンライン会議システムを使っていますが、私たちのコミュニケーションの場は**すでに現実空間に仮想空間が混ざり込んでいますね**。そういう時代背景のなかで、ハードを中心とした建築、都市、土木だけでデザインの議論を完結させるというのはおかしい。情報というものをオーガナイズすることも、デザインに含めてもいいのではないでしょうか。そこで今日は、デザイン領域としての情報を可能であればクロノスの観点からどうとらえることができるのかを議論したいと思います。

山本――情報領域として私がイメージするのは、例えば上海の浦東（プートン）地区のように、最新の技術によってライトアップされた都市景観です。大気汚染で空が霞んでいる上海では、日中より夜景のほう

上：上海・浦東エリアの夜景。外灘エリアの黄浦江沿いの遊歩道を散
ら、対岸の超高層ビル群を眺めることができる
下：外灘エリアのパブリックアート。散歩道の一部には人工の花々で
た壁が設置され、透明の球体がところどころに埋め込まれており、
工の蝶が羽ばたいている

が強く印象に残ります。
外灘（バンド）から浦東をつなぐトロッコに乗ると、プロジェクションマッピングによって、さまざまな色の光に包まれて花火を見ている時のようだったり、青い光に包まれて海の中にいるような気分になったりと、トンネル内の景色が移り変わり不思議な体験ができます。こうした景観もデザインの対象になるように思います。これを情報空間のデザインがリアルな現実空間に、さらに**デジタルな情報の時間がリアルな身体的な時間に介入した姿**だと見ることもできます。

内藤　以前には考えられなかったことですね。新しい時間体験と言ってもいい。

山本　さらにあげたいのは、拡張現実（AR：Augmented Reality）です。私たちの研究室では、言葉の壁のない観光支援システムとして、地図上のスポットをピクトグラムで示し、そこがどのような場所なのか

言葉の壁のない観光支援システム｜電気通信大学山本佳世子研究室と東京都立産業技術研究センターが開発した言語に依存しない観光支援ナビゲーションシステム。地図情報システム（GIS：Geographic Information Systems）では仮想空間、ARでは現実世界にピクトグラムを表示して、国内外の来訪者の観光を支援する。また、各利用者の嗜好に合った観光スポットを推薦することもできる

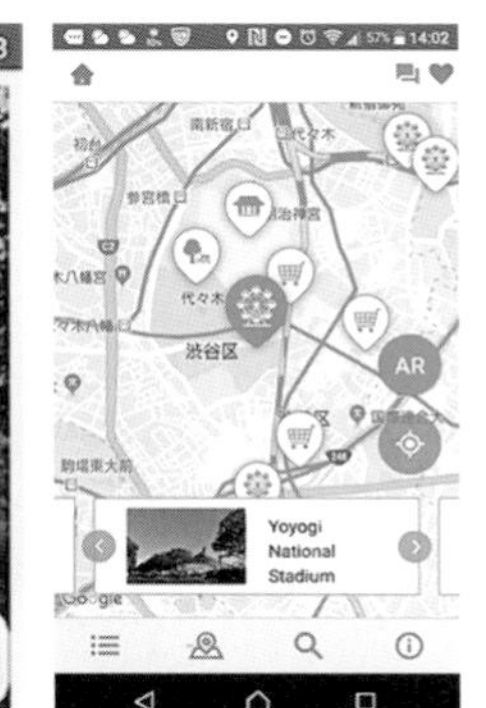

直感的に理解できるシステムをつくりました。そのピクトグラムはARによって現実世界に表示されるので、自分のいる場所で周囲を見渡しながら、自分が行きたい方向が確認できます。

香川県内を対象に運用した観光支援システムでも、ARによって現実世界に仮想空間の情報を重ね合わせています。例えば秋に栗林公園を訪れた観光客でも、スマホを向けると春の景色を楽しめる。それを見た人は、春にまた訪れたいと思うかもしれません。ここには、情報によって一方向にしか経過しない**身体的なリアルな時間を組み替えていく可能性**が見えてきます。

伊藤　現実空間に違う時間の情報を重ね合わせて可視化している例として、とても興味深いですね。人の行動も変わってきていると思います。地図を確認してから目的の場所に向かったり路地に惹かれて足を踏み入れたりするのが従来の歩き方

香川県を対象とした観光支援システム｜電気通信大学山本佳世子研究室が香川県の陸上・海上交通を考慮して開発した観光支援システム。現実世界の風景にスマートフォンなどの携帯情報端末をかざすことで、異なる季節の写真や動画を見ることができる

[コラム――15]

まちを移動する体験から考える

伊藤香織

◎

移動の体験は、空間と時間の関数である。モバイルデバイスと通信システム、電子地図、GNSS、コミュニケーションサービス等の発達によって、まちを移動する行為は劇的に変化した。私たちが二〇一八、一九年に行った実験では、被験者の学生たちはスマートフォンを持って東京メトロの表参道駅から出発して最終的に北参道駅に到着するまで徒歩で自由に散策する。散策の途中で彼らは店舗や公園など気の向く場所に立ち寄る。キーワード検索や経路検索によって、立ち寄り先の範囲は広がり、迂回率が低くなる。スマートフォンによって、散策行動は自由を得たようにも失ったようにも見える。友人とSNSで対話しながら歩き、相手の薦める飲食店に立ち寄った学生もいた。彼らは、同じ時間・異なる空間を生きている。

◎

散策後に歩いた経路のマップを描かせると、半数弱の学生が経路だけをシングルラインで描いた。道筋に沿って描かれる地図をルートマップ、さまざまな地物の位置関係を空間的に示す地図をサーヴェイマップと呼ぶが、経路のみのものはルートマップですらなく、コンテンツとその契機の順序だ。なお、ルートマップを描いたのは三五パーセント程度、サーヴェイマップが二割弱であった。

◎

これまでも電話やテレビなど異なる空間を生きる方法はあったが、それがまちを移動する体験に融合されてきたのはごく最近のことだ。付随して起こっているのは、都市空間がコンテンツの容器になることだ。近年はまちなかでのイベント開催に力が入れられているが、それだけでは結局コンテンツの容器からは逃れられず、まちはオンラインコンテンツに代替されてしまいかねない。個々のコンテンツの体験ではな

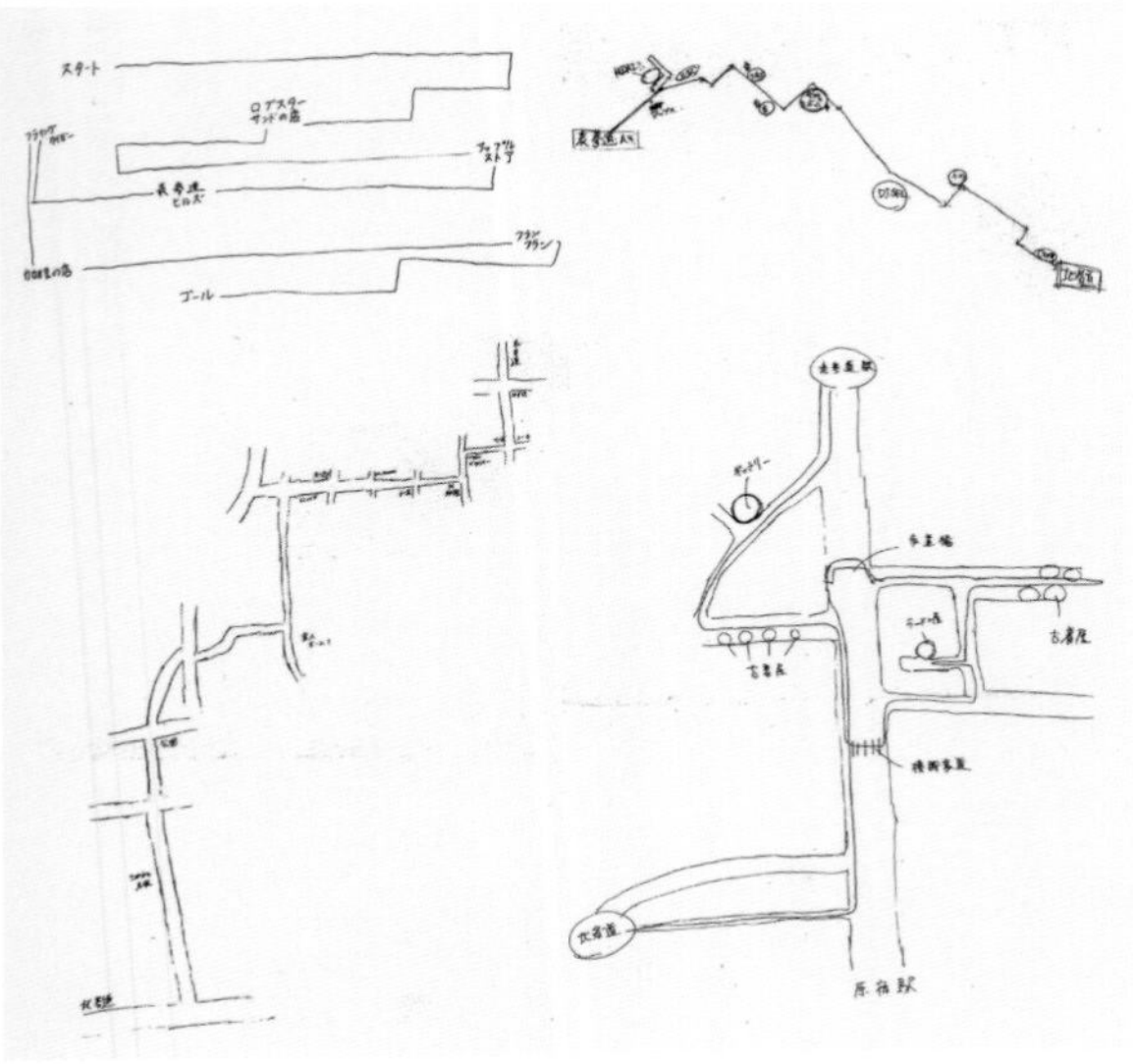

く、都市環境という体験をデザインすることをあらためて意識する必要があるのではないだろうか。つまり、まちを空間ではなく時空間として見直してみる。公共空間が都市の本質であるといわれる所以は、体験を連続させていくその役割にもあるのではないだろうか。

◎

A・N・ホワイトヘッドは、人や生物や無生物を時空間の粒のような現実的存在の存続であると見る。現実的存在は、自己に先立つ他者（人間以外も含む）を与件として抱握（prehension）する。世界は現実的存在の生成の過程として成り立っているとされる。私たちは、知識や過去の経験や直前までに出会った人やものを与件として「いまここ」を生きている。都市環境を構成する人やものも生成し続けて「いまここ」に存在し、それらの関係を私たちはまちとして体験する。クロノデザインは、都市や地域を時間でデザインすることというより、時空間としてデザインすることといえるのではないだろうか。

散策後に被験者が描いたマップ｜経路のみ（上右・上左）、ルートマップ（下左）、サーヴェイマップ（下右）（出典：勝又康太、前田旭陽「携帯情報端末の利用が自由散策行動に与える影響：表参道駅周辺でのケーススタディ」東京理科大学理工学部建築学科二〇一九年度卒業論文）

だとすると、いまはスマホで地図を見ながら歩き、SNSの情報によって行動を変えたりする。景観として可視化されていない情報が建築、都市、土木に影響しています。この流れはとても急速で侮れない。

私たちの研究室では、スマホを持って歩く人が、どんな情報を得てどう意思決定をしているのかを調査しています。学生の被験者は、お店を選ぶときにレストランサイトで検索をしたり、SNSで友人に自分の居場所を伝え美味しいピザ屋を教えてもらったりして、目の前にある現実世界と、その場にいない人から入ってくる情報を並列に扱い意思決定しています。

調査後、歩いたエリアの地図を描いてもらうと、多くの学生が歩いたルートだけを線で描くんです。ある種の**新しい空間認知の仕方**です。地図を描いてからその上にルートを描く学生は少数派です。

赤松 そうなんですか、それは衝撃ですね。

伊藤 「○○カフェ→××店」と、矢印だけでルートを示した学生もいました（笑）。おそらく、まちがコンテンツの集まりみたいに見えるのでしょう。目的地まで歩けるかどうか判断するために距離は気にするけれど、自分たちが立ち寄ったカフェや美術館の位置関係、街路の骨格や地形の上にそれがどう成り立っているかということはほとんど気にしていない。スマホで示されたルートを通れば、目的地に行けますから。そこでは、目的地にたどり着くことが重要なので、その周辺の面的な情報が頭の中から消去されている。いわば線的な空間認識ですから、ここでは**プロセスと時間が際立った要素**になっているんですね。

赤松 きっと、スマホの情報以外のものは、見えてはいるけれど、情報として頭に入ってこないんですね。Googleマップをはじめとした地図アプリは常に情報更新されているから、まちが変化していくスピードに対する感覚も変わってきているかもしれません。

伊藤 スマホの地図アプリは便利ですし、私も含め多くの人がそうやって動くようになっています。空間に対して情報がどのような力を持っていくのか理解したうえで、公共空間をいかに魅力的にしていくのか、私たちにも問われていると思います。

アフリカ発の二一世紀型都市

小野 いまやどこにいても世界中の情報を入手できるという恩恵を受けているにもかかわらず、いろんな情報があふれる現在の状況に、私は抵抗感があるんです(笑)。

バックパッカーとして世界を旅していた二〇〇〇年代半ば、メールは使っていましたが、その場に行かないと見えないものがたくさんありました。でもいまはスマホを使うようになったので、自分の位置をリアルタイムに地図上で確認できるし、宿もあらかじめ予約できるようになった。最近の学生たちは、YouTubeで世界中のいろんな様子を見られるので、現地に行くことにあまり興味がないんだろうと思います。その場でしか得られない緊張感も知らないので、**体験することの価値に意識が向かわない**のではないでしょうか。

内藤 小野先生の研究分野はなんですか?

小野 アフリカとインドの都市研究をしています。歴史のある中東やアジアの都市はとても活気がありますが、アフリカの多くの都市は一〇〇年前に英国やフランスが計画したものをベースにしているので、まちの構造やデザインが似ていて面白くないな、と感じたんです。でもそれは、文化的な情報の伝達スキームが速くなった結果できた都市の姿なのではないか、と気になって研究するようになりました。

内藤 植民地時代、ヨーロッパの人たちがプランニングした都市ですね。

小野 はい。多くの都市に鉄道が敷かれ、駅を拠点として市街地が開発されました。宗主国の行政官や技術者が計画したものです。そういう時代性を背負い、「**時の断絶**」**にも苦しむ**なかで、いかに自分たちのまちらしさを生み出していけるか。国際会議などでアフリカの人たちが熱く議論しているのを見ることがあります。

私のフィールドはおもにザンビアの首都ルサカ、ケニアの首都ナイロビ、ルワンダの首都キガリですが、計画から外れているインフォーマル市街地を中心に調査しています。現在そこに住む人たちは、生きていくための戦略として、情報をすごく駆使していますね。世界のいろんな

ケニア共和国の首都・ナイロビ「タウン」と呼ばれるナイロビ中心部には、政府機関や大企業のオフィスなど近代的なビルが林立し、昼間はスーツ姿のビジネスマンがあふれている。一九世紀末の英国領東アフリカ時代に鉄道駅が置かれたことで白人の都市としてその歴史が始まった。一八九八年に鉄道技術補佐官によって描かれた最初の都市計画がタウンの空間構造を形づくり、現在もその姿を色濃く残している

事例を踏まえ理論武装をして、行政や政治家に投げかけ、自分たちの居住の権利を守り、インフラを入れてもらう。国内外のいろんな情報を使いながら、何十年というレベルで時間をかけて、自分たちの住空間をつくっていこうという気運があります。

面白いのは、アフリカの多くの国では、**固定電話という段階を飛ばして、いきなりモバイルに行ったんですよ。**

内藤――いきなり最先端ですね。

小野――そうです。日本とは情報ツールの進化プロセスがまったく違うんです。私が調査に入っているインフォーマル市街地でも、多くの人がスマホを持っています。

ケニアでは、二〇〇〇年代後半には、スマホを使った送金システムが普及してきたので、それを目的にスマホを持つ人も多い。地方から出稼ぎに来ている人の大半は銀行口座を持てないので、スマホで故郷に送金したり、新しくビジネスを始めたりするんです。これまでさまざま

なサービスから除外されていた人たちの存在が立ち現れてきたという意味でも、スマホの存在は大きいと思います。

内藤――日本ではハードのあとにソフトが整備されますが、それが逆転しているということですね。

小野――そうですね。道路や水道といったインフラは、逆に何十年も停滞しているような状態です。

一般的に近代的な都市は、土地所有権が確定して都市計画を経てからインフラが整備され、建物が建ち、人びとが暮らし始めます。しかし、都市人口の六―八割の人びとがインフォーマル市街地に住んでいるようなアフリカの都市では、自分の住む場所を見つけた人が、そのへんにある材料で建物を建てていく。そして、何かしらの方法で水や電気を引っ張ってきて暮らし始める。土地の権利、住む権利を獲得していくのはそのあとです。うまくいけば、その後に都市計画がなされるという、**近代的な都市とは真逆のつくり方**です。最近、インフォーマル・アー

ナイロビのインフォーマル市街地ムクル・クワ・ンジェンガ｜ナイロビ中心部から約七キロ。六〇万人が暮らす。メインストリートには日常生活を支える商店が立ち並ぶ

バニズム(informal urbanism)という言葉も使われるようになりました。

内藤――行政はインフォーマル市街地の権利というものを認めているんですか。

小野――国や場所によってさまざまです。例えばケニアは、インフォーマル市街地の存在は認めない立場を取っているので、地図には現れていませんし、土地の権利も認めていません。

国によっては、土地の権利を積極的に認めている場合もあります。それが自分の資産として住環境を改善していこうというインセンティブ(動機づけ)になり、家の前の道路を自ら舗装したり、住民たちで協力して排水溝を掘ったりといういい流れができていく。でもそれが行き過ぎると、高所得者が移り住んできて、もともと住んでいた貧しい人たちが出て行かざるを得なくなる。行政がいかに介入していくのか、研究分野でも政策レベルでも議論されている難しい問題です。

かつてインフォーマル市街地というのは、排除すべき「都市のガン」であると表現されていました。一九七〇年代初頭、英国の建築家ジョン・ターナー[1]が、都市や住宅というものは、その環境を一番よく知っている住民やコミュニティが自ら主導してつくっていくべきであり、政府はあくまでもイネーブラーとしての役割をすべきである、ということを訴えました[2]。それが各国に深い影響を与えたこともあり、住宅不足の解決策として、政府がインフォーマル市街地に投

1――**ジョン・ターナー**[John F. C. Turner]|建築家。一九二七年、英国・ロンドン生まれ。一九五四年、AAスクール修了後、ペルーでの活動を経て、自力建設・自主管理のハウジング活動を推進。ケンブリッジ大学での研究活動のほか、MITなどでも教鞭を執る。

2――John F. C. Turner and Robert Fichter eds., *Freedom to Build: Dweller Control of the Housing Process*, Collier Macmillan, 1973.

資することでフォーマルな枠組みに組み込んでいくような動きも出てきました。さらに最近では、フォーマルvsインフォーマルという二元論にとらわれるのではなく、インフォーマル市街地そのものに空間的な価値を見出す新しい価値観が現れ始めています。

伊藤 都市の形態は、その時代の技術によって異なってきますね。馬車が普及していた一九世紀に整備されたパリやバルセロナ新市街のようなヨーロッパの都市の形態、自動車が普及し都市形成された米国、自動車道路より先に鉄道が導入された日本の都市、それぞれ違う形態になっていったように、モバイルが先に普及したときの都市の形態というのは、これまでとは全然違うものになり得るのではないでしょうか。とても興味があります。

内藤 たしかに、その可能性はありますね。人びとがいきなりスマホを持ち始めたアフリカでは、仮想空間が先行し、それをハードが追いかけていく。でも、バーチャルが先行し過ぎると革命が起きてしまうから、そうならないためにもハードが必死に追いついていく。ひょっとしたら、そのバランスをどう取っていくのかが二一世紀型の都市計画の主要テーマになるのかもしれませんね。

暗黙知を地域知へ

山本 私たちは地域に関する文化や伝統など、**可視化されない地域固有の空間や時間の情報を「地域知」と**

して表に出せないかと考えています。

専門家の持っている専門知というのは比較的オープンになっていますが、地域知を持つ多くの人は黙っているから経験的な「暗黙知」になってしまう。地域知が埋没しないよう、情報技術によってそれを可視化して、まちづくりに有効活用できないかと考えているんです。

伊藤 小野先生のお話にあったアフリカの都市もそうですが、これまで行政がプランニングしてきた世界が、多様な主体によってつくられていくという大きな変化を、情報技術の革命的な進化が後押ししていると思います。そういう転換のなか、地域知を活かすユーザーインターフェースをどうつくり、どう活かしていくのか、私もとても関心があります。

山本 一般の人たちがセンサーの役割を果たしてくれたら、とても感度のいい情報が集まると思うんです。世代によっても感知するものは異なるはずです。そういった「ソーシャルセンサー」によって集められた空間と時間の情報の集積が厚みのある地域知になり得ると思っています。

伊藤 いまスマートシティに向けた議論がさかんに行われていますが、ソーシャルセンサーとなることを含めて、一人ひとりが能動的にかかわることのできる創造的なまちの在り方も、スマートシティの可能性の一つではないかと思います。

小野 ソーシャルセンサーをプランニングに活かすということでは、先ほどお話ししたインフォーマル市街地は親和性があるかもしれません。というのも、彼らは山本先生のおっしゃる地域知をすでに駆使しているんです。農村部からの移民が多いので、故郷で慣れ親しんでいた土地の所有形態

［コラム——16］

インフォーマル化する都市の街角から

小野悠

◎

家賃一五〇〇円、電気代五〇〇円、水代一〇〇円、燃料代（木炭、ケロシン、ロウソク）五〇〇円、食費三〇〇〇円、雑費三五〇円。ムクルの長屋での一カ月の生活費だ。ナイロビ中心部から七キロほどにあるムクルにはトタンの長屋が立ち並び、六〇万人が暮らす。キクユ語で「ごみ捨て場」を意味する「ムクル」はごみの山の上にできた街であり、トタン越しに人びとが身を寄せて暮らす様は都市に浮かぶ島のようだ。

◎

二〇一四年、博士研究でインフォーマル市街地の空間生成原理を明らかにしようとムクルに半年間暮らした。卒業研究以来アフリカのインフォーマル市街地には何度も通っていたが自分で部屋を借りるのははじめてだ。生活することで気づくことがある。

◎

部屋を借りる際は長屋のオーナーではなく不動産エージェントと契約すること、生活に必要なものはムクル内で一通りそろうこと（ベッド、布団、蚊帳、電球、ソケット、七輪など）、地域リーダーとの関係性が生命線であること、トタン越しに隣の部屋の住人と会話できること、電気代を払っても電気はたまにしかつかないこと、地面がぬかるんでいると二〇リットルの水を運ぶのは至難の業であること（水は二〇リットルタンクで購入）、みんな何かしらビジネスをしていること、近所付き合いは意外と少ないが遠くの親戚や友人とは携帯でこまめに連絡を取っていること、夕方になると中心部の高層ビルのシルエットが美しく見えること、夜は危ないので部屋の中で用を足さなければならないこと、トタン一枚で囲われた住まいは心もとないこと、生きることは炊事・洗濯・トイレから排水やごみを出し続けるということ、そしてそれを身の回りから除去するのは簡単ではないこと。

◎

世界で一〇億人がインフォーマル市街地に住んでいるとされる。土地権利の不在、脆弱な住宅、過密、公共サービスの欠如といったマイナス面が注目されがちだが、一方で日々の実践の積み重ねによって醸成された固有の生活・生業空間、人びとの関係性のなかで決まるゆるやかな土地の所有、慣習・市場・法律の規範を取り込んだルール、足りないものがあれば自らつくり出すしたたかさなど、都市との関係において私たちが学ぶことも多い。インフォーマル市街地はかつて都市に存在してはならないものとされたが、その後、支援の対象となった。そしていま、自ら世界と直接つながる術を得て主体として立ち現れようとしている。世界の価値観が揺さぶられるなか、インフォーマル市街地の存在は都市のあり様を映すバロメーターとなり得るかもしれない。

筆者が暮らしたインフォーマル市街地・ムクル・クワ・ンジェンガ―トタン屋根の長屋が立ち並ぶ(上)。筆者が住んでいた長屋(下)

や敷地割り、住宅の建て方など、自分たちの経験知や伝統知みたいなものを都市部に持ち込んでいる。一方で、都市計画制度や建築基準法といった近代的な知見も活用しています。

いろんな情報を駆使していますから、そこに新たな技術が導入されれば、新しいユーザーインターフェースによる都市づくりが実現できるかもしれません。

内藤　アフリカでは、SNSでのネットワークは形成されているんですか。

小野　SNSはさかんに使われています。私はナイロビのインフォーマル市街地に半年間暮らしていましたが、彼らがSNSで頻繁に連絡を取り合っているのは、同じ属性の人たちが多かったように思います。同じ民族、宗教的コミュニティ、離れて暮らしている同郷の人たちと連絡を取る手段としてSNSが使われています。情報空間を介したバーチャルなコミュニティですね。

山本　日本と似ていますね。

小野　そうですね。一方で、近隣関係が希薄な印象もあります。もちろん、国や地域にもよると思いますが。

都市人類学者の松田素二[3]が、ナイロビ生活というのはサファリ（旅）みたいなものだと書いています（『都市を飼い慣らす』河出書房新社）。ケニアの首都ナイロビは、英国人がつくり英語が幅を利かせる世界だから、自分たちの本当の居場所ではない。自分たちの儀礼や慣習、人間関係が否定されるまがいものの世界だという感覚があ

3――**松田素二**｜京都大学大学院文学研究科教授。一九五五年生まれ。京都大学文学部卒業、ナイロビ大学大学院修士課程を経て、京都大学大学院文学研究科博士課程中退。二〇〇六年より現職。専門は社会人間学、アフリカ地域研究。

るのだと言っています。

いまは都市で生まれ育った人たちも増えてきているので、必ずしもそうではないと思いますが、自分たちがいま住んでいる地域は、仮の住まいのようなもの。むしろSNSこそ真のつながりであり、現実世界では足りないものをSNSで補完している側面はあると思います。

アフリカは経済発展する一方、格差が激しいので身の回りにはリソースが少ない。でも、情報ツールによって世界のリソースを得られるようになったことで、「Agoda」|4|などのサイトを使って民泊を始めたり、海外のNGOからファンドを得て社会ビジネスを始めるなど、空間的にもアフリカの状況を大きく変えていると思います。

4——**Agoda**|ホテル予約サイト。世界最大級の旅行会社ブッキング・ホールディングスグループ。本社はシンガポール。

情報技術によってエンパワーされる空間と時間

伊藤——「行政から市民へ」というまちづくりの転換、さらに**静的なプランニングから動的なタクティカル・アーバニズム**(tactical urbanism:**戦術的都市計画**)**へ**という変化の理由の一つとして、情報技術によって市民がエンパワーされたことがあげられるかもしれません。個人がつながりやすくなっただけでなく、教育の機会や都市行政を知る機会のなかった人が、簡単にアクセスできるようになったのは、情報による力が大きいと思います。tacticsは、用兵とか戦術のことですから、そこには目的を得るための手順、というような意味も含まれています。つまり、クロノプランニングのことです。

いろいろな人がさまざまなかたちでまちに関与できるようになった結果、まちづくりの一端を担うようなカフェが日本のいたるところにできていますね。まちなかに居場所ができたりして、素敵な取り組みだと思うのですが、その情報の広がり方のスピードがとても速いせいか、その空間や提供される料理やサービスがどこも似ているように感じます。空いたスペースをリノベしてカフェをつくるのだから、ローカルなものになりそうなも

リノベーションカフェ　地域の情報拠点にもなり、一方で他所との情報交換でノウハウを学び合うカフェが増えている。地域で育てられてきた空間の質が継承され、独自の創造性が発揮されれば、魅力的な場所になるだろう

のなのに、いま山梨にいるのか香川にいるのかわからなくなってくる（笑）。

赤松　日本全国にイオンモールが広がったように、いたるところにまちづくりカフェができて均一化していく。

伊藤　そうなんです。イオン的なものに対抗してオリジナリティのあるものをつくろうとしているのに、結果として均一になっていく。

保井　ゼロからつくっていくのではなく、インターネットなどから得た情報から、こういうものだと刷り込まれて、そのまま実践することで同じコンテンツができていく。たしかにそれではまずいですね。**本当の意味での主体性というものが問われている**のだと思います。私はタクティカル・アーバニズムとかプレイス・メイキングは、今後のエリアマネジメントをどうするかとセットで検討すべきだと思っています。地域の資源や課題を共有し、将来に向けて実施すべきことを見定めるための実験的な共同アクションがオープンスペースを用いた実験的な活動、すなわちプレイス・メイキングだと思いますし、その活動からセクターを超えた中期的なマネジメント体制の構築まで進めていくプランニングこそ、タクティカル・アーバニズムの重要な視点ではないでしょうか。

米国の都市政策研究者として知られるブルース・カッツ[5]も、こうしたマルチセクターによるアクション志向のプランニングが重要だということを「**新しいローカリズム**」の特徴として指摘しています。

5 ——**ブルース・カッツ**［Bruce J. Katz］｜都市政策研究者。一九五九年、米国・ニューヨーク生まれ。一九八五年、イェール大学法科大学院修了。現在、ブルッキングズ研究所都市政策担当ディレクター。おもな著書＝Bruce Katz, Jeremy Nowak, *The New Localism: How Cities Can Thrive in the Age of Populism*, Brookings Institution Press, 2018.

[コラム——17]

まちづくりにおける個別化と社会化の再編

保井美樹

◎

五年ほど前、法政大学多摩キャンパスで団地再生をテーマとした連続ワークショップを主催した。回を重ねるごとに多様な参加者が集い、ふらっと飲みに行く場所、学生の臨時宿泊所などさまざまなアイデアが出た。そして最終回。予算ゼロ、すべて持ち寄りで一日限定のお茶の間を空き店舗に実現してみようという荒唐無稽なアイデアで参加者が一致した。場所は、東京都心から四五キロ、住民の高齢化や施設の老朽化に直面する団地の中心商店街にある、水道もガスも止められていた空き店舗である。

◎

住民には「お茶の間にあったらいいもの」を考え、寄付を依頼した。学生は寄付品を受け取り、企画を進めた。URから空間と広場の電源使用を許可いただき、町会長は裸電球を広場から部屋まで這わせてくれた。「物の寄付、時間の寄付、お金の寄付」によって、空き店舗が温かい交流空間へと変身した。当日は二〇〇名を超す人が集まり、見事に一夜限りのお茶の間が実現した。

◎

「寄付したものを見にちょっと来てみました」「こ

八王子市寺田団地・中心商店街の空き店舗で開催した「おいでよ！アッとほーむ」——法政大学保井美樹研究室と地域住民が一夜限りのお茶の間を実現（二〇一四年一一月）

のまちにもう一度命を吹き込むことができた」。この日参加した住民の言葉には、誰かに「してもらった」のではなく、自分も寄付や活動を通じて「一緒につくり上げた」という思いが多く見られた。ここに筆者はまちづくりの「原理」を感じた。

◎

一九六八年の都市計画法ではじめて「住民参加」の仕組みが導入され、以降、参加型の都市づくりプロセスを「まちづくり」と呼ぶことが一般化した。参加から参画へ、参画から自立へと議論は進んだが、常に「仕掛け人」である専門家と「仕掛けられる人」である地元住民の関係のなかで、住民の無関心と参加の裾野が広がらないことが問題視されてきた。

◎

新たな空間が整備されていく時代においては、目指す社会像を前提に、専門家や行政が主導してデザインを描き、できた空間を住民らが引き継ぐかたちが一般的だった。つまり、社会化された価値に個人が合わせるかたちで都市はできてきた。

◎

しかし、価値観、ライフスタイル、生活上の課題が多様化するなかで、これからの都市は、反対に個別化した価値を都市空間のなかに取り入れる方法を模索する必要がある。昨今のリノベーションまちづくり等は、個別解を積み上げることで面的な都市づくりを実現している。これまで公平・平等を尊ぶ立場からは、まちづくりの「個別化」をよしとしない傾向もあったが、自らを取り巻く問題に互助や事業で対応する個別の動きを支援し、そうした機能を有する空間が蓄積される都市を目指すことによって、はじめて参加を基盤とした都市の自治が生まれる。

◎

前述のお茶の間は改修が施され、いまでは住民組織がカフェを営業しながら、学生や地域包括支援センター等とまちづくりを進めるところまでできた。個別化から始めるまちづくりにこそ力が宿ると実感した一件である。

伊藤　まちに対する誇りや自負（シビックプライド）を取り戻した市民が、情報技術によって自らまちにかかわっていく。市民のエンパワーがなされているというのはたしかですし、現象としてはとても面白いのですが、その先に何があるのだろうと考えさせられますね。

昔だったら、権威化されたものはみな知っているけれど、遠いところで発生した小さなことは知るよしもなかった。しかし情報化によって、世界で起こっている小さな出来事でもリアルタイムに知ることができるようになり、それを取り入れながら新しいものが出来上がっている。

赤松　情報社会のなかで、ものごとが変わっていく認識の仕方やスピードが変わってきているということですね。

伊藤　ええ。都市が変わっていく最前線は、世界で起きている同時代的な事柄を取り込んでいるんです。そこで得られる知識やイメージは、広がりとともに**そこに生起している時間的なものも同時に暗示しているの**だろうと思います。

人を動かすリアルの力

内藤　少し話が変わりますが、香港で大規模なデモが繰り返されるなか、市民の抗議の言葉が書かれた大量の付箋を地下道などの壁に貼ることも、抗議運動の一つになっているそうです。文化

香港のレノン・ウォール　自由と民主主義を求めるメッセージが記された大量の付箋が壁一面に貼られている。二〇一四年の香港雨傘運動から始まった抗議行動の一つ。レノン・ウォールとは、一九八〇年代、共産主義体制下のチェコスロバキアにおいて、ジョン・レノンの思想に影響を受けた若者たちが彼の死を偲び、平和へのメッセージなどを壁に描いたのが始まり

大革命のときには、街頭に数多くの壁新聞が張り出されましたが、いまは付箋が使われている。

　これだけＳＮＳが発達している時代なのに、そういうリアルな行動も担保されていることもきちんと認識しておいたほうがいいと思うんですが。

山本　現実空間で情報を共有することで、より能動的な動きを導いているのではないでしょうか。

二〇一一年に起こったアラブの春[6]は、「ソーシャルメディア革命」ともいわれていますが、実際にＳＮＳを使っていたのは、情報ツールを所有し英語

6——アラブの春　二〇一〇年一二月、チュニジアで始まった民主化を求める運動（ジャスミン革命）を発端として、アラブ諸国に波及した反政府民衆運動。一九六八年にチェコスロバキアで起きた民主化運動「プラハの春」にならいこう呼ばれた。

もアラビア語も使える社会階層の人たちです。識字率の低い国も多いアラブ諸国であれだけの運動に広がったのは、口コミ、モスクや広場に集まる人たちにビラを配るといった伝達方法によって、一般の人たちもデモに参加したからです。

内藤　やはり最後のアクションは、人間同士の交流によるということなんでしょうね。SNSはとても便利だけれど本当の意味でのコミュニティを形成する道具としてはある種の限界がある。でも、情報環境はこれからどんどん高度に進化して、それがなんでも可能にしてくれる、とみんなが思い込んでいるんじゃないでしょうか。

山本　**情報万能主義的な思い込みは危険**だと思います。災害のときに何を持って逃げるのかと聞いたら、大半の人がスマホと答えるのでしょうが、ネットが切断されたらどうするのでしょう。せっかく命が助かっても、安全なところに逃げられないかもしれません。のろしを上げて救助を求めるのでしょうか(笑)。

内藤　社会的なレジリエンス(resilience：回復力、弾性)を確保するためには、情報空間に頼るだけでは無理です。空間的なレジリエンスも大切ですが、究極的な目標は時間的なレジリエンスだと考えるべきです。つまり、暮らしや文化のことです。そのための一つの方法として、伊藤先生が取り組んでいる東京ピクニッククラブ[7]の活動のように、日常の

東京ピクニッククラブの活動風景｜渋谷区内の街路上で、英国ガーディアン紙の記者らとの交流ピクニックを実施(二〇一九年六月)

空間や時間を体験的に身体化しておくことも必要だと思います。

伊藤――東京ピクニッククラブは、ピクニックを都市の社交的な集まりであると定義しています。**空間と時間と料理と話題を他者と共有する**んですね。効率的に知識を得るような交流と違って、非常に非生産的です（笑）。持ち寄った料理のエピソードを聞いたり、地面に座って見える風景に気づきがあったり、それが草の匂いや、遠くから聞こえる音楽や、少し肌寒くなってきてから飲む紅茶の温かさとともに記憶されます。冗長なのですが、オンラインで得られる世界中の情報に劣らないくらい豊かな情報に接していると感じます。

もう一つ冗長性でいうと、東日本大震災後、ボランティアとして気仙沼に入りその後定住している若い人たちが増えていて、常磐大学の旦まゆみ先生[8]らが調査をしたところ、彼らは二つ

7――**東京ピクニッククラブ**｜二〇〇二年、ピクニック生誕二〇〇年を記念して結成。ピクニックを通して交流の豊かさを都市空間に求め、ピクニックライト（ピクニック権）を主張。建築家、ランドスケープアーキテクト、フードコーディネーターなど、多彩なクリエーターが参加。

8――**旦まゆみ**｜常磐大学総合政策学部教授。上智大学大学院博士課程単位取得満期退学。専門はキャリア教育、国際政治経済学、社会保障論。RUCOW（女性のキャリア開発を支援する研究共同体）共同代表。

のネットワークを持っていることがわかったそうです[9]。一つは地元の人たちと顔を合わせるようなフィジカルなつながり、もう一つは、SNSを使ったほかの場所の仲間とのネットワークです。どちらか一方だけでなく、この**二つのネットワークが同時に存在している意味が大きい**のではないかということが指摘されています。

香港の場合は、情報管理をされたくないということからSNSに頼れないという側面もあると思います。電車で移動するのも、ICカードを使うと誰がどこに移動するのかわかってしまうので、切符を買って移動するようにしていると聞いたことがあります。情報技術の発達によって便利になる一方、管理されるという負の側面もありますから、情報空間には冗長性を持たせておくことも大事かもしれません。

9 ——Okabe, K., Dan, M., and Nakayama, C., "The young people migrating to the Great East Japan Earthquake Tsunami Area," *the International Cartographic Conference 2019 Proceedings*.

未来から現在を導く「フィードフォワード」

内藤——過去の経験から得られるデータから現在を修正する「フィードバック」があるとすれば、未来に起きてくることを想像し予測して、いまの現実を見直していく「**フィードフォワード**」**という時間を逆転してみる思考回路も必要なはず**です。東日本大震災や九州の集中豪雨といった、これまでの災害を検証してフィードバックすることは学際的にはやりやすいけれど、予測不可能なさまざまな災害が多発することが予想されるこれからは、それだけでは対応できません。

保井 たしかに、これまでの都市経営は、過去一〇年間の課題に対して、次の一〇年はこうしようという積み上げ式でしたが、それだけでは成り立たなくなっています。シミュレーション技術も進化していますから、フィードフォワードという視点から五〇年先の姿を見据え、変わりゆくものにフレキシブルに対応できる都市やインフラの姿を考えられるようになるかもしれません。

赤松 情報構築のフレキシビリティはどう考えられるのでしょうか。例えば小学校を設計する場合、将来子どもが減っても対応できるよう、空間の自由度を高める構造形式や更新しやすい設備を採用したりしますが、社会に浸透しつつある情報システムは、その変容に対して柔軟に対応できるのでしょうか。フィードフォワードに対して、情報技術はどういうビジョンがあり得るのでしょうか。

保井 たしかに建築の場合、これまではほぼ一律に六〇年後に建て替えることを想定して計画されてきましたが、まず、**構築した情報システムが六〇年後も使えるかというと、かなり厳しいですね**。

赤松 メディアの進化によって、十数年前の情報さえ取り出せなくなることがありますね。**デジタル暗黒時代の可能性**も指摘されていますが、データは存在しても、表に出せないものは「ない」ものになってしまう。どんどん蓄積していく膨大なデータ量を考えると、気が遠くなります（笑）。

保井 将来に向けた情報として整える必要がありますね。それだけでなく、地域の空間を変える意思決定の場面でも、歴史や経緯をしっかり引き継ぎながらも、時代に合わせて機能の在り方や評価の仕組みを考え、必要に応じて変えていく方法も考えておくことが大事だと思います。

伊藤 情報技術の発展のスピードが速いから、都市の将来像が描きづらいともいわれています。**未来からフィードフォワードするものは、具体的な社会像や空間像ではないのかもしれません。**そこには、何を大切にしなければならないかといった意思みたいなものが必要なんだろうと思います。

山本 フィードフォワードという考え方は、事前復興の場面でも使えると思います。少子高齢化によって、災害時に救助が行き渡らない地域があるのなら、シミュレーションによって危険だと想定できるところは避けて住んでいただく。つまり時間を先取りしてレジリエンスを獲得するというやり方です。

保井 情報化によって、官民の間にある情報の非対称性が下がり、オープンで深い対話の文化ができてくることを願っています。そのことによって、それぞれの地域で新しい空間利用の実験と検証ができ、民側の主体性が上がると思います。

伊藤 「自助・共助・公助」で災害に備えるとされていますが、これは過去の災害からのフィードバックでしかありません。**未来からいまを想像してみることのなかに、「新しい共助」の姿が見えてくる**かもしれませんね。

保井 そうですね。一〇〇年に一度来るかどうかの災害のことだけを考えるのではなく、パブリックスペースの使い方など、普段から関係性をつくりながら災害弱者の存在も共有していく。予測不可能な未来を、仮想空間での情報共有と現実の互助の仕組みのバランスのなかで見ていくことが大事だと思います。

現実空間と仮想空間をつなぐクロノデザイン

内藤　現実空間と仮想空間のバランスという意味では、今後ますます仮想空間に比重が置かれていくようになると思います。デジタルな情報は、ものごとと時間を無限に微分化して世界中に拡散していくという基本的な特性がある。それは場所の固有性を振り切ろうとする。つまり、二〇世紀に脱しきれなかったトポスからの離脱を志向するのです。**微分化する情報の仮想空間と積分化される身体の現実空間**を重ね合わせ、それらをバランスさせるところにクロノデザインがある、と考えるのはどうでしょうか。

山本　緯度、経度、高度で示される空間情報に対し、過去、現在、未来という時間を「時空間情報」として、仮想空間でも現実空間でも扱えるようになっていますから、ICT機器を利用すれば、仮想空間のさまざまな情報を現実空間で利活用できると思います。

内藤 山本研究室が、宮城県田代島で取り組んでいる支援プロジェクトは、見かけはチャーミングなんだけど、実はあそこでは仮想空間と現実空間が補完し合っていますよね。いまや多くの観光客が来ているのでしょう?

山本 はい。「ほくろちゃん」「デカ男」などの人気猫に会いたいと、多くの観光客が訪れています(笑)。田代島は一〇〇匹くらいの猫が暮らす島として知られていますが、東日本大震災後に移住した「クロネコ堂」さんと連携して、たくさんの猫に会える観光ルートなどをスマホで見られるポータルサイトを開発しました。この島はアップダウンが激しいので、観光スポットの標高も表示できるようにしています。

内藤 ライブカメラも設置予定ということでしたね。リアル空間にフックがあるので、面白い仮想空間がつくれるのだと思います。

山本 もともと島民は少ないのですが、観光客の増加に伴い、船の便数を増やし、さらに船が大型化しています。観光客を相手にしたスモールビジネスの創出支援、高齢者の多いこの島の人たちの見守り支援につなげることも目指しているんです。

「クロネコ堂@田代島」Twitterタイムライン｜田代島の人気猫やクロネコ堂に集う猫たちの様子や島の天候、船の運行情報などを発信。クロネコ堂は、二〇一五年、仁斗田港近くにオープンしたお土産屋兼お休み処で、田代島歴史資料館も併設

［コラム——18］

現実空間と仮想空間の融合を基盤とした離島支援プロジェクト

山本佳世子

◎

近年のわが国では、多様な情報通信技術が次々に開発され、私たちの日常生活での利活用も急速に進んでいる。またわが国では超スマート社会が発展しつつあり、現実空間と仮想空間の融合も進みつつある。このような社会的状況を受けて多様な学問分野で情報通信技術の積極的な利活用が進むとともに、情報分野とその他の分野の融合領域における研究、異分野の共同研究も新たに誕生し、各学問分野の領域を超えた取り組みが進みつつある。

◎

山本佳世子研究室ではこうした社会的・学術的背景を受けて、さまざまなシステムを開発するとともに、開発したシステムの社会実装化を目指して、被災地の復旧・復興支援、地域活動支援に積極的に取り組んできた。このような活動の一環として、近年では宮城県石巻市田代島を対象とした離島支援に取り組んでいる。田代島は周囲約一一キロの小さな有人島であり、猫好きにはたまらない「猫の島」としても世界的な人気を誇っている。東日本大震災（二〇一一年三月）では主要港を中心に大きな被害を受けたが、島民のみで復興を達成した。

◎

田代島では東日本大震災以前から過疎化・超高齢化問題が深刻であり、Sustainable Development Goals（持続可能な開発目標、SDGs）に関する問題も抱えている。そこで、来訪者を主体とした関係人口（地域や地域の人びとと多様にかかわる人びと）を増やし、地域コミュニティの持続を図ることが期待される。しかしながら田代島には一日数便の船便しかなく、多くの来訪者は日帰り観光となるため、限られた時間内に島内を効率的に回ることが必要不可欠となる。さらに、来訪者に島の伝統や文化、歴史にも関心を持っていただきたい、島民からも積極的に情報発信したいという要望を受け、二〇一八年六月から「最新技術で人と猫が共生するデジタルアイランド・田代島」プロジェクトを地域社会との連携により開始した。

◎

具体的には、これまでに研究室で開発してきたシステムを応用して、来訪者の観光、島民からの情報発信を支援するための「田代島ポータルサイト」を開発し、二〇一九年二月二二日（猫の日）から運用を開始した。観光支援のための機能として、観光コース確認機能、標高確認機能、観光スポット情報閲覧機能、ギャラリー機能、「Twitter 情報取得機能を実装している。今後は、観光支援のための諸機能のさらなる充実を図るとともに、見守り活動支援などの離島支援にも取り組む予定である。このような現実空間と仮想空間の融合を基盤とした取り組みにより、デジタルアイランド・田代島の実現を目指したい。

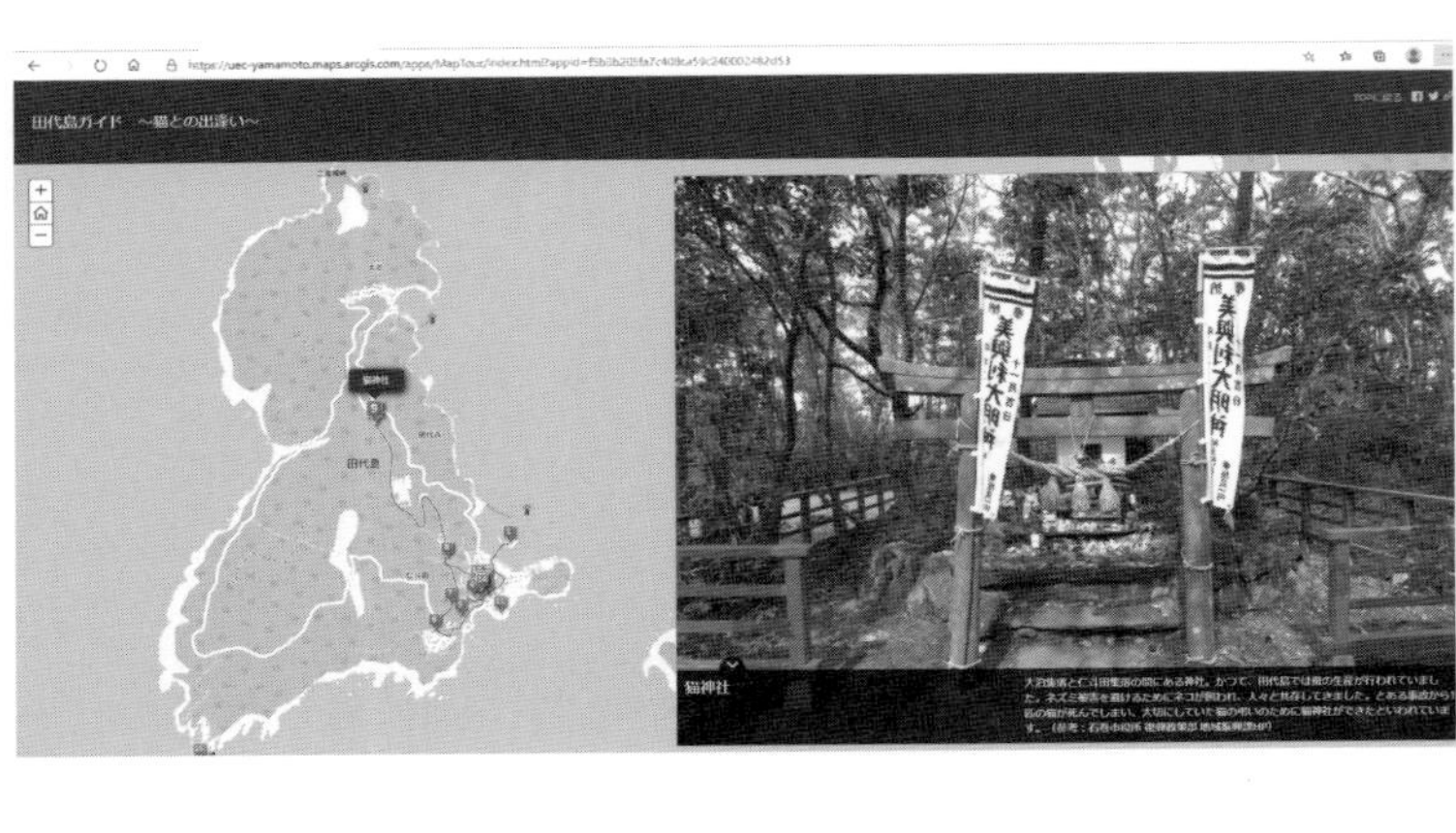

電気通信大学山本佳世子研究室が開発した「田代島ポータルサイト」

島には大きな病院がないので、急病の際はヘリを呼ばなくてはなりません。遠隔手術の技術が普及するのはもっと先ですから、普段から情報技術によって島の注目度を高め、交流人口を増やしていく必要があると思っています。

内藤——**離島の問題は、日本全国の近未来の問題**ですよ。放っておくと、いずれ管理できなくなります。

保井——ＩＴ系の仕事をしている人たちが、田舎に住むような生活スタイルが起きていますね。バーチャル空間で事業が成立するからどこに住んでもいい、東京のオフィスに毎日出勤する必要はないから二地域居住を選択するような状況がある。この背景には、**土地・建物と情報の価値の逆転現象が起き始めている**ことがあります。大都市こそ土地の評価額は上がり続けていますが、地方に行くと依然として下落しており、土地や建物が、手放すに手放せない負の遺産としてとらえられることも増えています。他方、情報通信産業の成長は持続し、いまや市場規模においても全産業の一〇パーセント近くと、不動産（七・六パーセント）を超えています[10]。つまり、お金を稼ぐのは仮想空間であって、現実空間は住まい、楽しむための消耗財になりつつある。おそらく、いま、地方に移住している若い人たちの多くはそこに永住するのではなく、いろんな場所を転々とする**グローカルな漂流人材**だと思っています。こうした暮らしの変化がまちをどう変えていくのか注視して、そういう人をどう動かすのか、自治体のマネジメントに問われるところですね。

10——総務省「情報通信白書」二〇一六年。

また、現実と仮想の連携という意味では、地域通貨があります。最近は、昭和の時代に流行ったような紙の商品券のようなものではなく、北海道のニセコひらふエリアマネジメントが実験的に導入していましたが、電子地域通貨にボランティアなどの現実空間での活動をつなぎ合わせている。こうした情報による付加価値と現実の世界で起きている社会課題へのかかわりをつなぐことができるかは、地域によって差が出てくると思うんです。

内藤――仮想空間そのものをデザインするだけでなく、仮想空間と現実空間という異なる空間をつなぐことがデザインだと考えることができるかもしれません。折り合わなかったり、ずれたりするこの二つの世界をどうつなぐのか。そこにクロノデザインという言葉を組み込む可能性があると思います。

われわれは、現実空間に仮想空間が侵入してきているとイメージしてしまいがちです。しかしそうではなく、**メタフィジカルとフィジカルをどうつないでいくのか**、実はこれはもともと有史以来の人間の大テーマです。それが、二〇世紀文明が時間を捨象したために見えなくなってしまった。そこにクロノデザインを問う意味もあるのだと思います。

クロノデザインはいかに[illegible]能か

ディスカッション——総括—内藤 廣—浅見泰司—赤松佳珠子—山本佳世子—和田 章

都市は常に動いている

内藤——建築・都市・土木の分野において「デザイン」という言葉に市民権を持たせなくてはならないといい始めたのは、三年前に米田雅子先生[1]と和田先生が私の事務所に訪ねてきたときだったと思います。でも、デザインという言葉はあまりにもどこでも使われ過ぎているので、それだけでは注目されないだろうと、今回「クロノデザイン」という言葉を提出してみました。いままで聞いたことのないような言葉を投げかけて、みんなで寄ってたかって議論し、言葉や概念の骨格をつくっていくというやり方があると思ったんです。

クロノデザインには、まだはっきりした定義はありません。でも思い起こしてみると、一九六〇年にメタボリズムが生まれたときも、言葉が先行して確固たる中身はなかったけれど、みんなで議論しているうちに肉づけされていったという話を川添登さん[2]から聞いたことがあります。「新しい概念には新しい言葉が必要」なのではないでしょうか。

二〇世紀の仕組みが、空間専有に偏重していたことは明らかです。コロナ禍によって、その延長線上にあるグローバリズムや資本主義社会に対して疑問が投げかけられている最中ですから、二〇世紀がどうであったかを冷静に考え、問

1——**米田雅子**｜慶應義塾大学特任教授、日本学術会議会員、土木工学・建築学委員会委員長。一九五六年、山口県生まれ。一九七八年、お茶の水女子大学理学部数学科卒業。新日本製鐵勤務、東京大学研究員などを経て、二〇〇七年、慶應義塾大学理工学部教授（現・特任教授）。

2——**川添登**［一九二六—二〇一五年］｜建築・都市評論家。早稲田大学文学部心理学科を経て、同大学理工学部建築学科を卒業。一九五三—一九五七年、『新建築』編集長。一九六〇年、メタボリズムの活動に参加。いわゆる「伝統論争」を仕掛け、建築評論の基礎を築く。

題を浮き彫りにするのにはいい機会だと思います。

さて、今日は四つのディスカッションを仕切っていただいた先生方にお集まりいただきました。それぞれ大変興味深く白熱した議論でしたね。まず、印象に残った議論やキーワードなどをあげていただきたいと思います。

浅見――「都市をめぐるクロノデザイン」では、都市というものは非常に変化する対象であると議論されました。都市は成熟すると安定期に入ると理解されてきたと思うんですが、そうではなく、むしろ**最終的なゴールポストが常に動くようなもの、それが都市ではないか**、と投げかけてみました。

そこで私は、**変化する都市をコントロールするには「動的ゾーニング」といったダイナミックなプラン**

将来の都市像が定まらない状況では、むしろ暫定利用が正しい利用方法かもしれないと私は思っているんです。

――浅見［P.098］

ニングが必要ではないかという話をさせていただきました[P.068]。

内藤 浅見先生の「動的ゾーニング」は衝撃的でしたね(笑)。

浅見 ありがとうございます。建築のデザインを長持ちさせることは大切だけれど、社会で求められる要素は変化するので、都市のなかで暫定利用できるもの、例えば解体しやすい建築を考えることも重要ではないかという話にも展開していきました。

内藤 福井先生が指摘された**評価の問題**も大事な視点ですね。

浅見 現在のような最低価格による入札制度は、デザインに対して不寛容で、建築物は長く存在し続けるものだけれど、社会におけるデザインの価値は変化するから、それを見据えることのできる人材が必要であると提起されていました[P.091]。

内藤 持続的な価値をとらえなければならないのに、いまのやり方はあまりに現在価値に偏った価格優先になり過ぎているという視点でした。

赤松 このディスカッションには私も参加しましたが、災害復興や都市がダイナミックに変わっていく段階では、建築は短命なほうが有効かもしれないという話には、はっとさせられましたね。都市像が定まらない状況ではむしろ暫定利用が正しいというお話には納得しつつも、そうなると仮設だらけの都市になっていってしまうのではないかと……。

また、縮退・縮小する地域を維持するならインフラをどう維持していくのか、**消滅させると決めたらどういうシナリオがあり得るのか**も考えなくてはならないという指摘も印象に残っています[P.088]。農地の維持を諦めるなら、水の通り道も含め面的に諦めていく。住民がいなくなり地域の農地が失われることによる災害の波及範囲まで考えるという問題設定はとても重要だと思いました。

内藤　嘉門先生は、**コンパクトシティの可能性**を強く発言されていましたね[P.066]。

浅見　CASEの話もされていましたが、自動運転などの技術によって、特に地方都市の在り方が大きく変わると思います。情報技術の進化に伴い社会がユビキタス化[3]するので、**都市に集まる必然性が薄らぐ**でしょう。これは国土構造全体を大きく変えていく可能性があります。

ウィズ・コロナで人口が増える？

山本　「建築をめぐるクロノデザイン」で、古い建物や工場の再利用の話題がありましたが、日本でも長崎の軍艦島[4]や横須賀の猿島[5]のような場所が観光スポットとして人気がありますね。廃墟となったかつての工場や軍事施設を整備することで、

3——**ユビキタス**[ubiquitous]｜インターネットなどの情報ネットワークがいつでもどこでも利用できる環境。

4——**軍艦島**｜端島の通称。現在は無人島だが、かつては海底炭田の島として知られ、最盛期の人口は五〇〇〇人超。一九七四年の閉山後も、採炭従事者らが暮らした高層集合住宅群の多くが残されている。二〇〇九年、島内の一部が見学可能となる。二〇一五年、世界の文化遺産に登録。

5——**猿島**｜神奈川県横須賀市の市街地から東方約一・五キロメートルの沖合にある小島。明治初期から第二次世界大戦終了まで、軍の要塞として一般の立ち入りは禁じられていた。現在も旧兵舎や弾薬庫、砲台跡などが残されている。

つくられた当時とは違う価値を生み出す。坂井先生が役所でもない個人でもない「**新しい共**」**によるエリアマネジメント**によって建物の寿命を伸ばし地域の価値を維持することは、時間をマネジメントすることでもあるとお話しされていたのも印象に残っています［P.026］。

「土木をめぐるクロノデザイン」では、林先生の「スマート・シュリンキング」［P.118］をはじめ、人口減少に伴い**賢く縮退していくモデル**について議論されていました。でも最近、ウィズ・コロナの時期が続き、私たちの生活様式や価値観が変われば、人口減少やシュリンキングという方向を見直すことはできるかもしれないという気がしています。

これまで、さまざまな制約条件があり、時間的、精神的な余裕がなくなってしまい、子育てが大変なため、少子化が進んできたと思うんです。でも、テレワークがうまく機能して、都心への

軍艦島
長崎半島西方に浮かぶ小島。かつて日本有数の海底油田の島として知られた

通勤が減り、生活に余裕が生まれたら、子育てしやすくなりますね。

内藤 人口が増えるかもしれないと。

山本 はい。**ウィズ・コロナを逆手にとって、人口減少に歯止めがかかる可能性もある**のではないかと思うんです。

内藤先生が「東京は『漬けもの』のようになり、地方は『干もの』のようにひからびていく」[P.122]とおっしゃったのには驚きましたが(笑)、私たちが分散して暮らしていくことで、気持ちと空間、時間の余裕が生まれるといいですね。限界集落のように縮小も致し方のないところもありますが、一発逆転できる可能性がある地域まで縮退のシナリオを書くのはどうかと……。

ウィズ・コロナの時期が続き、私たちの生活様式や価値観が変われば、人口減少やシュリンキングという方向を見直すことはできるかもしれないという気がしています。
──山本

情報技術と気候変動の予測不可能性

内藤 いま情報革命といわれていますが、二〇年先くらいになるかもしれませんが、量子コンピュータの処理能力は現在のコンピュータに比べて五億倍になるといわれています。情報技術は加速度的に進化していますから、一〇年後の社会がどこまで進んでいるのか予測できないんですね。

一方、気象変動によって二〇四〇年には北極海の氷はほとんどなくなるといわれています。海面が数メートル上昇すると、世界の多くの都市は水浸しになる。現実問題として、「**情報技術と気候変動の予測不可能性**」が高まっているんです。さらに、「**少子高齢化という人類の未体験ゾーン**」をわれわれは生きている。明らかに、これから大変な時代がやってきます。

そこにコロナがやってきて、資本主義、つまり貨幣価値への欲望がエンジンになっていた**二〇世紀的な価値そのもののダークサイド**が露呈しつつあります。これは、立ち止まって考えるにはとてもよい機会だと思います。

浅見 いまの都市計画法がつくられたころは、都市は拡大していくものだから、いかに都市をコントロールしていくかを考え、いわゆる線引きによって市街地の領域を抑えインフラ整備のスピードと市街地発達のスピードをシンクロさせようとしてきたと思います。

用途地域やゾーニングの仕組みも、将来の成熟した地域社会を見据え、あるべき用途や密度を決めていたけれど、人口減少に伴い都市が変化すると安定は望めない。先ほどゴールポストが動くと申し上げましたが、**常に動く状態で都市全体がうまく機能するように計画する**という、非常に高度な判断が必要です。でも残念なことに、いまはまだそのツールがないんですね。

私が動的ゾーニングとして考えているのは、例えば、いまの容積率は二〇〇パーセントだけれど三〇年後には一五〇パーセントが適切だろうと想定し、段階的に減らしていく。建築確認上いろいろ問題が起きると思うのですが、既存不適格の問題を柔軟に対応したり、DID人口密度が下がった場合に縮小する公共サービスの発動条件やゾーニングの在り方を決めていく、そういったことで解けるのではないかと考えています。

昔に比べて都市計画に対する信頼が薄らいでいるのは、将来がわからないということとシンクロしていると思います。内藤先生が指摘した情報化のスピードや気候変動に向けた対症療法の体制、社会全体のBCP(Business Continuity Plan：事業継続計画)をつくっていくことが、都市の重要な備えとなるのではないでしょうか。

昔の都市計画では、**つくり過ぎないエリアをわざとつくったり**していました。多摩ニュータウンでも、駅に近いところに用途を定めないような場所がありましたね。将来どうなるかわからないことを前提に、いろんな用途の仕方があり得るようにしておく。現在わからないことを将来に預けるというのは、非常に上手な対症療法だったのかもしれません。将来の知恵で対処すればいいわけですから、いま決めきる必要はないわけです。**決めるべき部分と決めなくてもいい部分をうまく峻別していく**ことで将来に備える。それが、これからの都市マネジメントのあるべき姿なのだと思います。

時間を設計する

和田　二〇〇一年、ニューヨークのワールドトレードセンターが崩壊したとき、林昌二さん[6]が、石油に頼ってつくられた飛行機が石油に頼る超高層ビルを壊したと言っていました。二一世紀最初の年でしたが、二〇世紀のやり方はちょっと行き過ぎだった、二一世紀の世界は別の方法にしてほしいと訴えていました（林昌二「ニューヨーク・ワールドトレードセンターの崩壊をどう受け止めるか」『新建築』二〇〇一年二月号）。

内藤　林昌二さんは若いころに飛行機エンジニアを目指していたけれども、終戦で飛行機産業が解体されてしまったから、建築に進んだんです。林さんにしてみると、9・11は、生涯をかけて取り組んで

ニューヨーク・ワールドトレードセンターの崩壊　二〇〇一年九月一一日、ハイジャックされた航空機がニューヨークのワールドトレードセンタービルに突入

きた超高層ビルに、かつて夢見ていた飛行機がぶつかったという、あれはきわめて悲劇的な光景だったんですよ。

和田――建築や都市をつくるのは、いいことだと思ってみんなやっていると思うんです。たしかにきれいなビルが立ち並び、夏の冷房、冬の暖房が快適にコントロールされ、高速道路や地下鉄が整然と機能している状態はエントロピーが低い。だから人びとを呼び寄せる力があるともいえます。しかし、大都市がこの低いエントロピーの状態を維持するためには、大量のエネルギーを外部から投入しなければなりません。結果として、それは地球規模で考えるとエントロピーを増大させている。

私は戦後すぐの生まれで、ニューヨークやロサンゼルスみたいなまちを東京につくるのはいいことだと思って、一生懸命やってきました。霞が関ビルディング（一九六八年）が竣工し、淀橋浄水場跡地

6――**林昌二**［一九二八―二〇一一年］―建築家、日建設計名誉顧問。一九五三年、東京工業大学工学部建築学科卒業後、日建設計工務（現・日建設計）入社。取締役、副社長、副会長を歴任。おもな作品＝「私たちの家」「パレスサイドビルディング」「ポーラ五反田ビル」「新宿NSビル」ほか。

霞が関ビルディング―一九六八年［建築設計：三井不動産＋山下寿郎］

に新宿副都心計画が進んでいたころはまだよかった。でもいま、こんなに超高層ビルばかり建てていいのだろうかという思いがある。実際、ロサンゼルスに行くと、高いビルが建っているのはある一角だけですよ。私自身、これまでいいことだと思ってやってきたことで、汚してしまったものがある。それを忘れていたのではないかと思うんです。

内藤――一九八〇年代にエルヴィン・シュレーディンガー|7|は「生命は負エントロピーを食べて生きている」と言っていますが(『生命とは何か』岩波書店)、これは和田先生が言われるエントロピーの現象そのものです。よく考えてみれば、建築はほとんどそうい

7――**エルヴィン・シュレーディンガー**[Erwin Schrödinger:一八八七―一九六一年]―オーストリアの物理学者。量子力学の基本方程式であるシュレーディンガー方程式を確立するなど、量子力学の発展に寄与。1933年、ポール・ディラックとともにノーベル物理学賞を受賞。

超高層ビルばかり建てていいのだろうかという思いがある。(中略)私自身、これまでいいことだと思ってやってきたことで、汚してしまったものがある。それを忘れていたのではないかと思うんです。――和田

うことの積み上げですね。つまりエントロピー増大という宇宙原則に抗っている。

和田　そうですね。

内藤　スチールは放っておくと腐食してしまうけれど、こうすれば長くもつ、ある組み合わせをすれば木を長持ちさせられる、といった知恵の集積は時間の経過に抗うモノの組み立て方ということもできます。それをうまくやると、建築という系ではエントロピーが増大するという原則に逆行するものができる。物理法則に反するような存在であり得るということです。生命と同じで、死んでしまえば物理法則にしたがって解体されていく。

八〇年代にノーベル化学賞をもらったプリゴジン[8]は、エントロピーは無限に増大していくけれども、そうではない局面があると言っています。宇宙原則に沿ってエントロピーが増大していくプロセスにおいて、部分的にエントロピーが低いところが散逸的にできる（散逸構造）可能性があることを示しました。それは、味噌汁をかき混ぜてほうっておくと不思議な塊ができる、そういう類いのものです。時間の経過に抗うかたちで散逸的にエントロピー縮小のテリトリーが生成していく、僕はそれが建築や都市のイメージに重なったんです。

近代は、異なる価値ではなくグローバルな価値を広げていく。だから、コルビュジエの近代建築の五原則には、時間や場所が含まれていない。時間を圧殺する、場所と時間を切り分け

8――**イリヤ・プリゴジン**［Ilya Prigogine：一九一七―二〇〇三年］ロシア出身のベルギーの物理学者、化学者。不可逆過程の熱力学、統計力学の研究で知られる。散逸構造理論を提唱し、一九七七年、ノーベル化学賞を受賞。

る、まるで宇宙船のようにどこでも同じ解を導く、それこそが近代的な技術であると考えていたのだと思います。

赤松　その時代の最先端技術によって、どんな場所、どんな気候でも、そのときに快適だといわれる均質な空間をつくることが可能だと、ユニバーサルデザインが広がっていく。和田先生がおっしゃるように、そうすることで快適に暮らせることが人類の幸せだと信じて、誰も疑問に思わずにずっと走ってきたのだと思います。

でも、数十年経つとその弊害が現れて、違う価値観が見えてくる。それを予測することは果たして可能なのでしょうか。その時代の人類の叡知をもってしても、難しいだろうと思います。世界中どこにいても、瞬時に情報が手元に届くという革命的なことが起こっていますが、五〇年後、一〇〇年後、どこにほころびが現れるのかわかりません。

現代は環境を機械的にコントロールするだけではなく、風や構造、音、光などさまざまなシミュレーションを通じて地域や気候風土に合ったものをあらかじめ設計できるようになってきました。この場所にはこんな風が吹くから、この窓を開けられるようにすれば快適に住めるという方向でテクノロジーを利用できる。でも、なかなかそれが広がらないのは、まだまだ手間やコストがかかるからだと思うんです。**そういったことを実現させるには、関係者が共有する思想的なものが必要なのだと思います。**

内藤　メタボリズムというのは、失敗した部分もあったけれども、大事な要素を含んでいたんでしょうね。やや苦しまぎれな取り組みでもあったかもしれないけれど、浅見先生が言われたような動的な要素を世界ではじめて近代的な建築・都市概念に持ち込んだ。『プロジェクト・ジャパン』(平凡社)でレム・コールハース[9]がメタボリズムを再評価したように、海外の人のほうがそれを理解し始めているのかもしれません。

赤松さんは学校を設計することが多いけれど、生徒の人数は増減するのだから、将来の転用を想定するというのは、ある種メタボリックな話ですね。ディスカッションのなかでも、時間の変遷を考えたうえでの設計を意識していると発言していましたが、具体的にはどう考えていくんですか?

赤松 将来的な用途転用も重要ですが、生徒数の増減はわりとすぐに起こります。それに対応するために、教室ゾーンの中に多目的室を入れ込み、それらを二分割して教室化できるようにしたりしています。学年によって人数が違ったり、クラス編成も毎年のように変わったりするので学年ゾーンをかっちり分けず、クラス数が増減したら空間を侵食し合えるように、動かない建築の中でアメーバ状に空間を吸収し合うようなつくり方で対応したりしていますね。

内藤 それは、時間の設計、つまりクロノデザインそのものですね。

赤松 そうですね。学校をつくるときには、子どもの人口動態を二〇―三〇年先まで予測したうえで規模を決めて、数十年間の学年ゾーニング配置をシミュレーションしたりします。明らかにク

9――**レム・コールハース**[Rem Koolhaas]|建築家、都市計画家。一九四四年、オランダ生まれ。ジャーナリスト、脚本家として活動後、AAスクールで建築を学ぶ。一九七五年、OMAを設立。おもな著書=『錯乱のニューヨーク』『S,M,L,XL』ほか。

ロノデザインですね。でも、人口動態というのは意外とあいまいなものなんです。

流山市立おおたかの森小・中学校(二〇一五年)を設計していたとき、再開発中の駅前エリアにはマンションを建てないことに決まっていたのですが、学校がオープンしたあと想定以上の人口流入があり、結果的にマンションが建設されました。そうすると、当然、子どもの数がさらに増え多目的室が教室転用され、さらに学区内では対応しきれなくなり新設校が計画されています。都市計画でコントロールしていたはずなのに、子育て世帯を受け入れたいという市の要望も重なって、想定し得ない事態が起こったんです。

内藤 不確かであることを前提にすれば、減価償却するまで使い続けようと思い込まないで、一〇年間使える暫定的な建物を半分くらいの予算でつくる、というような考え方もあるかもしれませんね。

赤松 横浜市では、一時的に増加した子どもたちに対応するために、一〇年間限定の小学校をつくっているようですね。暫定利用だからこその新たな知見やテクノロジーを駆使できるといいのですが、暫定だから安くできるというのは扱い方によっては危ない気もします。プレファブ校舎程度のものにしかならないとしたら、問題ですよね。発注する行政側も旧態依然としたものではなく、暫定に対する新しい価値観を生み出していかないと、これからは難しいのではないでしょうか。

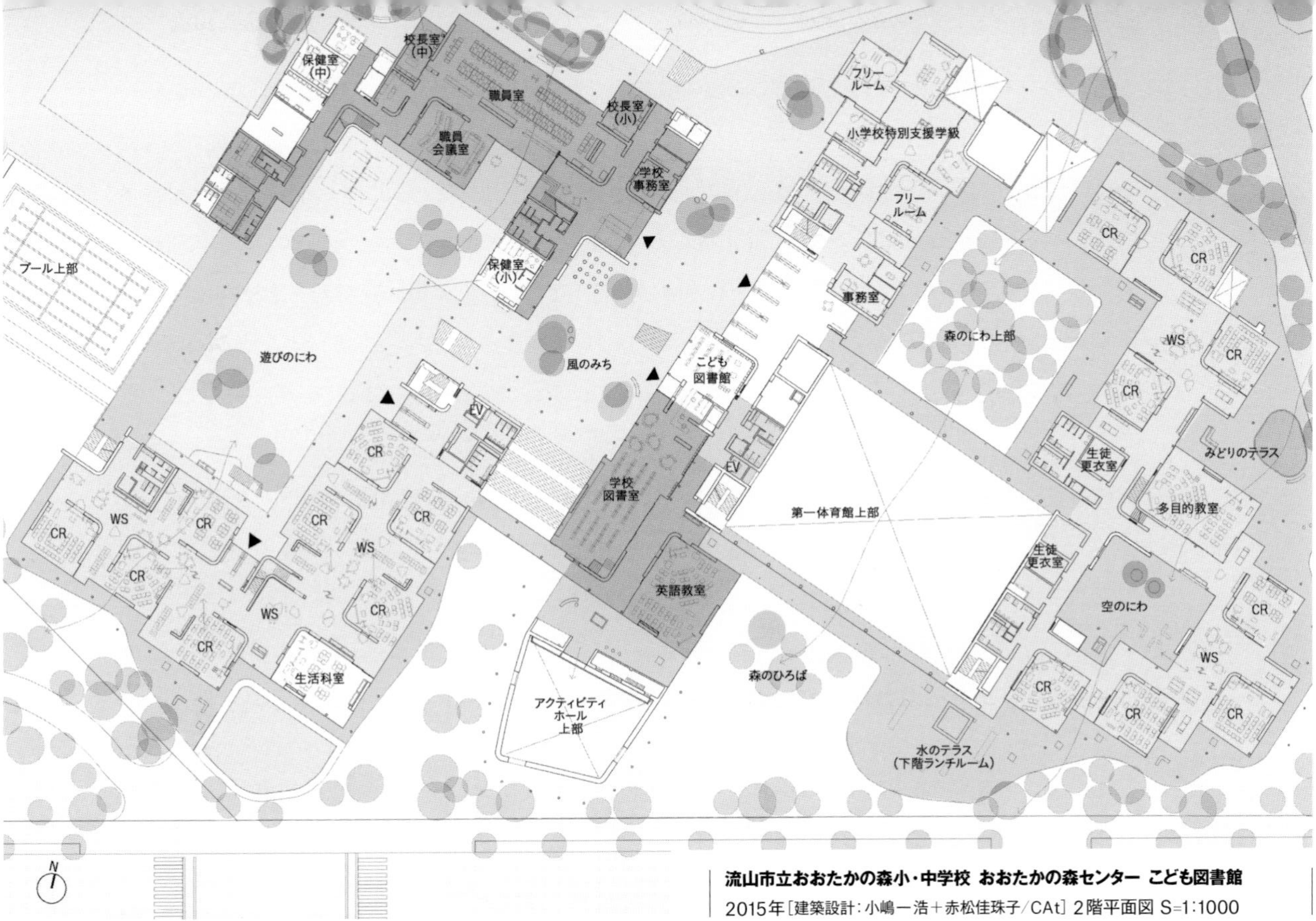

流山市立おおたかの森小・中学校 おおたかの森センター こども図書館

2015年［建築設計：小嶋一浩＋赤松佳珠子／CAt］2階平面図 S=1:1000

都市の画一化を招く資本主義経済、テクノロジー至上主義

浅見　「都市をめぐるクロノデザイン」で浮上した、**解体しやすい超高層ビルの可能性**というのは、すごい概念だと思いました[P.098]。超高層を簡単に解体するなんて想像していなかったので。

内藤　あれは僕の発言です。9・11のあといろんな先生方とディスカッションしたとき、構造の川口衞先生[10]が「超高層は合理性を追求しているからバラックなんだ」と言ったんですよ。ワールドトレードセンターって立派なものだと思っていたけれど、合理性を追求したら極限まで部材を削減しなければならないから、たしかに見方によってはローコストのバラックなんですね。その話を林昌二さんにしたら、「バラックでない超高層なんて、あるんですかね」とにんまり笑って言ったんです(笑)。

和田　たしかにそうですね。

内藤　そのとき、超高層が動的ゾーニングを縛るものであるならば、超高層が建て替え可能になるとフレキシブルな都市政策ができるのではないかと思ったんです。

浅見　本来であれば都市は多様であるべきなのに、**超高層が都市の景観を画一化している**ようで気がかり

10——**川口衞**[一九三二—二〇一九年]建築構造家、法政大学名誉教授。福井県生まれ。一九六〇年、東京大学大学院博士課程修了。一九六四年、川口衞構造設計事務所設立。おもな作品=「大阪万博お祭り広場大屋根」「サンジョルディパレス」「イナコスの橋」「日向市駅舎」ほか。

内藤――です。もう少しデザインをがんばれないものなのでしょうか。

僕は東京都の景観審議会の委員なので東京に建つ超高層ビルの計画は大体見ていますが、どれもがあのヴォリュームで四面ガラス張りなんて、いかにも知恵がない。熱負荷を考えれば、壁面によって変えるべきでしょう。ともかく立派なものをつくりたいという、資本の論理に向けてプレゼンテーションするので、どれも同じようなものができちゃうんですね。幼稚な設計だと思います。

企業の経営陣の多くは、さっき言った予測不可能性みたいなものに対する畏れがほとんどない。みんな自分の任期さえ全うできればいいと思っているから、長期的視野が欠けている

二一世紀のビジョンを構築するには、空間占有にとらわれた二〇世紀的な計画論から抜け出し、時間をベースにした根本から考え直してみる試みが必要です。

――内藤［P.114］

んです。これはある種の組織的な無責任ですね。それこそ企業の四半期決算をにらんだ短期的な収益を求める資本主義の論理にしたがって、東京全体が動いているという感じです。

和田　東日本大震災のあと、横浜駅前に高さ二〇〇メートル以上の超高層ビルが計画され、担当者が相談に来たことがあります。構造設計者の一人は、もう少し低くしたほうがいいんじゃないかと言っていたので、私もそのほうがいいと答えたんです。結果、低くすることになったんですが、最後まで制振にすれば大丈夫だという担当者もいました（笑）。なんでもテクノロジーで解決すればいいと思っている。

いま、ワクチンが開発されればコロナは止められるといわれていますが、防潮堤をつくれば津波からまちが守れるとか、制振装置を付ければ超高層は揺れませんというのと似ていて、ちょっと怖いですね。

内藤　たしかに、すごく似ていますね。たぶん無意識のうちに起きていることは同じなんでしょうね。

守りのクロノデザイン、攻めのクロノデザイン

内藤　さて、そろそろまとめに入ろうと思います。今回、「クロノデザイン」というビーンボールを投げましたが、いかがでしょう。それぞれ印象を述べていただきたいのですが。

和田　四つのディスカッションを読ませてもらって、なるほどと思うことばかりです。いま正しいとされていることも、将来そうではなくなることがある。クロノデザインという言葉がなかったのがおかしなくらいだと思います。

そして今日は、「生命は負エントロピーを食べて生きている」という言葉にドキッとしました。インドの怪しげな道端で、水たまりの水を飲んでいる鶏は一見汚く見えるけれど、その鶏が産んだ卵は食べられる。**生命というのは、汚れたものをきれいにする力がある**んですね。都市や建築もそうだと言えると、夢があっていいなと思います。

山本　「情報をめぐるクロノデザイン」のときに、内藤先生が「仮想空間は微分化し現実空間は積分化される」と指摘されたのが衝撃で〔P.183〕、時間や空間の観念を含めたデザインを考えたいと強く思いました。人口減少が少しずつでも回復するような将来を描き、そこに至るまでのデザインをフィードフォワードしていきたいですね。

内藤　ほしい未来をはっきり社会合意して、そうなるためにはいま何をどうしたらいいのかを考えていくということですね。例えば、二〇五〇年に人口九〇〇〇万人ぐらいの国家を描き、そこから逆算したらいま何をやらないといけないかという政策誘導を考える。そういう発想の仕方ができたらいいですね。

和田――それこそクロノデザインですね。

内藤――戦後、下河辺淳さん[11]が中心になって新全国総合開発計画を推し進めていた時代がありましたが、いまは国土全体をどうしたいかを議論しづらい時代になっています。現在価値から将来のダークサイドに向かうことしか発想できていない。いまこそ、いい意味でのポジティブさを持ったクロノデザインをやるべきかもしれません。

山本――仮想空間が現実空間に先行することもあり得ると思います。アフリカの都市ではモバイルが先行し、インフラが後追いになっていると小野先生がお話しされていましたね［P.161］。アフリカこそ新しい都市が生まれる可能性があるというのは、非常に面白い指摘だと思いました。

赤松――この数カ月、コロナの騒動で、日本の行政の情報環境がいかに遅れているのか明らかになりました。台湾のＩＴ大臣の活躍を見ていると、わが国では国を動かすトップが情報技術の本質を理解していないことがいろんなところに影響を及ぼしていると実感します。

スペインの300.000Km/sという建築・都市デザイン事務所が、都市のビッグデータを重ね合わせたうえで、今後の都市計画をリアルに提案していて、非常に評価されています［P.060］。情報化の時代だからこそ、**リアルに実感できる都市像を可視化**できれば、みんなに気づきが生まれ、危機感を共有できる。それによってはじめて、ポジティブな意味でのクロノデザインに向かうこ

11――**下河辺淳**［一九二三―二〇一六年］―都市計画家。東京生まれ。一九四七年、東京大学第一工学部建築学科卒業。戦災復興院技術研究所、建設省を経て、経済企画庁勤務。全国総合開発計画、二一世紀の国土のグランドデザインをはじめ、戦後の国土計画策定に携わる。

とができるのだと思います。

リアルに実感できる都市像を可視化できれば、みんなに気づきが生まれ、危機感を共有できる。それによってはじめて、ポジティブな意味でのクロノデザインに向かうことができるのだと思います。
——**赤松**

浅見——**クロノデザインは、今後のメタ概念になり得る**と思っています。時間を意識したデザインというのは過去にもあり、例えば一九八〇年代に登場したサステイナビリティは、将来世代の生存を守っていこうという、まさにクロノデザインの考え方の一つです。

そして、将来の不安定要素に備えるためのデザインとして出てきたレジリアントという概念、これもクロノデザインなんですよ。レジリアントを踏まえると、インフラに頼らないオフグリッドという在り方、ないしは自給自足的な地域経済や冗長性の確保という課題も見えてくる。これらは、「**守りのクロノデザイン**」といえると思うんです。

一方で、「**攻めのクロノデザイン**」といいますか、将来の可能性を高めるためのクロノデザインもあると思っています。多摩ニュータウンをつくるとき、わざと遊休地をつくったという話をしましたが、将来どうなるかがわからない状態で固定してしまうことの危うさはあると思うので、**デザインしないことがクロノデザインの一つの解**だと提唱したほうがいいかもしれません。

われわれの計画が時代に合うかどうか、試行錯誤が必要だと思うんです。社会実験の場としての都市空間をクロノデザインと位置づけて、いろんなところで実践していく。暫定利用のなかで、その場所の時間軸にうまく合えばそれを恒久的なものに変えていけばいいのかなと思いました。

和田　いいですね。

内藤　全面的に賛成します。いまの都市計画全般は活性度を下げるような、むしろ固定化していく傾向にあるように思うんです。でも浅見先生が言われるように、都市というのは動的な場所であるべきです。それではじめて人が寄ってくるわけですから、都市を生命体のようなものとしてとらえていくべきです。

僕はこれまで、東京の都市再開発は成功しないと宣言していたんです。あんなインチキなマネージングでうまくいくわけがないと言っていたんですが、最近、そうならないかもしれないという可能性も出てきて困っています。予想が外れるのは残念なのですが(笑)。というのも、いま香港の人びとが逃げるとしたら、政治的に安定しているシンガポールと東京しかないんで

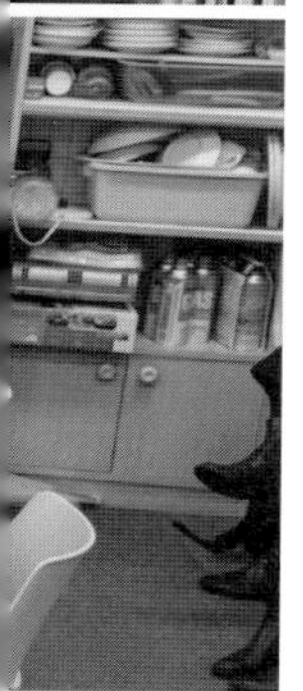

すよ。超高層のオフィスをたくさんつくってどうするんだと思っていたけれど、ひょっとしたら香港が引っ越してくるかもしれません。僕がおおかた失敗すると思い込んでいた都市再開発は、失敗しないかもしれない（笑）。

都市というのは、百年の計でつくられるけれど、思ってもいない外力が働くことがある。外力を受け入れられるようなフレキシビリティと動的な要素を計画のなかに組み込めるかどうかが、クロノデザインというものを議論した意味なのではないかという気がしています。浅見先生から最後に「守りのクロノデザイン」と「攻めのクロノデザイン」というわかりやすいキーワードを出していただきましたので、これを成果としてこのあたりで終わりたいと思います。

コロナ禍の最中、ご参集ありがとうございました。

おわりに

和田 章

本書は、日本学術会議「都市・地域とデザイン分科会」が議論を重ねてきた三年間の成果として一冊にまとめたものである。

日本学術会議（会長：山極壽一）は一九四九年に設立され、わが国の人文・社会科学、生命科学、理学・工学の全分野の約八七万人の科学者を内外に代表する機関であり、二一〇人の会員と約二〇〇〇人の連携会員によって職務が担われている。日本学術会議には恒常的に活動している三〇の分野別委員会があり、その一つに土木工学・建築学委員会（委員長：米田雅子）がある。この委員会に属する分科会の一つとして建築家の内藤廣委員長のもと「建築と都市のデザイン分科会」が二〇一七年秋に設置され、土木・建築・都市計画分野の多彩な委員が集まり、この委員会活動は始まった。

宇宙の無数の星のどこかに、美しい花々が咲き、緑に輝く木々が育ち、昆虫や動物が無数にいて、知性を持った動物も住むところはあり得る。しかし、太陽からのほどよい距離と大きさ、大量の海水と北極・南極の氷によって安定が保たれている空気、水蒸気と水に囲まれた地球は、神が創造した宇宙で唯一の至宝のように感じる。

新型コロナ感染症の広がりを防止するために社会活動が抑えられた四月初めごろ、空気が澄んできたため日没後の西の空に宵の明星が美しく見えるようになった。毎夕、この金星の位置は少しずつ北のほうに動き、五月中旬には見えなくなった。他の無数の恒星とは動きが異なり、ガリレオ・ガリレイだけでなく、大昔の人もこのような惑星があることに気づいたに違いない。金星は太陽に近過ぎて生物は生きていられない、火星は寒過ぎて、生物は暮らせない。われわれの住む地球への感謝の気持ちでいっぱいになる。

この素晴らしい地球に暮らす人間は生きている。それぞれ過去と未来を大切に、よく生きたいと思っているに違いない。人びとの活動や生活を支える空間が建築・土木・地域・都市である。これらは、木材・コンクリート・鋼材などの硬い材料を用いて構築され、植物や動物のように息をして生きているわけではない。

数千年の人類の歴史まで戻らなくても、江戸以降、日本が世界に開国し欧米の文化・文明を導入したころの歴史を振り返り、この一五〇余年の建築・土木・都市・社会の変化を

イタリア・アマトリーチェで二〇一六年八月に大きな地震があり、歴史的な組積造建築が並ぶ街が崩壊した（下）。ここにイタリア料理のアマトリチャーナがはじめてつくられた「ローマ」というホテルがあった（上）。上の写真は被災地の空き地に建てられた仮設のレストラン「ローマ」である。震災後にもデザインと雰囲気と美味しい料理とワインを重視する気持ちが大切にされている

見るだけで、これらは息をして生きているように感じる。建築・土木構造はある所番地に静的に存在し、空間を維持しているとの認識ではなく、位置と空間、そして時の流れがあって、われわれは生きていけると考えるほうが自然である。

香港を舞台に繰り広げられた、女医のハン・スーインと米国の新聞記者マーク・エリオットの愛の物語『慕情』の主題歌の一節「Oh once on a high and windy hill. In the morning mist two lovers kissed and the world stood still. Then your fingers touched my silent heart and taught it how to sing. Yes, true love's a many-splendored thing.」(「Love is a Many-Splendored Thing」(作詞：Paul Francis Webster)より引用)に心を打たれた人は多いと思う。言うまでもなく恋には空間と時が必要である。同じように、世界中の人びとにも、社会にも空間と時が重要である。

都市や建築にかかわる研究者、設計者、技術者は、日々変わる歴史、社会、文化、文明、哲学、思想、経済のなかで、生きている人びとと一緒に、建築・土木・都市の空間と時を考えなければならない。ここに、「クロノデザイン」の新しい概念が生まれた。

この委員会では「デザイン」についても多くの議論が行われた。世界には、走るのが速い人、泳ぎが上手な人、歌の上手な人、絵が上手に描ける人がいるように、建築・土木・都市のデザインが上手な人がいる。ただ、このような人でも、何も悩まずに上手にデザインができるわけではない。混沌としたいまの社会にいて、過去と未来に想いを馳せ、もっと暮らしやすく、快適で、内部空間だけでなく、外部空間も美しい建築や土木構造をつくりたいと考えているに違いない。このとき、地球環境問題、自然災害軽減も考えねばならない。そしてすべてのデザインに愛が満ちあふれてほしい。

本書の読者の方々も、この本で行われた議論と一緒におおいに悩んでいただき、新しい光を見つけてほしい。

最後になりますがこの本をまとめるにあたり、内藤廣建築設計事務所の小田切美和さん、彰国社の神中智子さんには大変お世話になりました。ここに記して、お礼を申し上げます。

二〇二〇年九月

[著者略歴]

内藤 廣｜ないとう・ひろし
建築家、東京大学名誉教授。一九五〇年、神奈川県生まれ。一九七六年、早稲田大学大学院修士課程修了。一九八一年、内藤廣建築設計事務所設立。二〇〇二年、東京大学大学院教授。おもな作品＝「海の博物館」「牧野富太郎記念館」「島根県芸術文化センター」「東京メトロ銀座線渋谷駅」ほか。

浅見泰司｜あさみ・やすし
東京大学大学院教授。一九六〇年、東京都生まれ。一九八二年、東京大学工学部都市工学科卒業。一九八七年、ペンシルベニア大学地域科学専攻博士課程修了(Ph.D.)。二〇〇一年、東京大学空間情報科学研究センター教授。二〇一二年より工学系研究科教授。二〇二〇年、同大学副学長、日本計画行政学会会長。

赤松佳珠子｜あかまつ・かずこ
建築家、法政大学教授。東京都生まれ。

一九九〇年、日本女子大学家政学部住居学科卒業後、シーラカンスに加わる。二〇〇二年、パートナー着任。二〇〇五年、CAtに改組。二〇一六年より法政大学教授。おもな作品=「宇土市立宇土小学校」「流山市立おおたかの森小・中学校」ほか。

山本佳世子｜やまもと・かよこ
電気通信大学大学院教授。香川県生まれ。一九九二年、お茶の水女子大学文教育学部地理学科卒業。一九九四年、同大学大学院人文科学研究科修了。一九九九年、東京工業大学理工学研究科社会工学専攻博士後期修了。博士(工学)。二〇〇六年、電気通信大学大学院准教授。二〇一九年より現職。

和田 章｜わだ・あきら
東京工業大学名誉教授。一九四六年、岡山県生まれ。一九六八年、東京工業大学理工学部建築学科卒業。一九七〇年、同大学大学院修士課程修了後、日建設計に勤務。工学博士。一九八二年、東京工業大学助教授を経て、一九八九年、同大学教授。二〇一一年、日本建築学会会長。おもな受賞=日本建築学会大賞。

伊藤香織｜いとう・かおり
東京理科大学教授。東京都生まれ。一九九四年、東京大学工学部建築学科卒業。二〇〇一年、同大学大学院工学系研究科博士課程修了。博士(工学)。同大学空間情報科学研究センター助手などを経て、二〇一五年より現職。おもな著書=『シビックプライド』(監修・共著)、『まち建築』(共著)ほか。

小野 悠｜おの・はるか
豊橋技術科学大学講師。岡山県生まれ。二〇一〇年、東京大学工学部都市工学科卒業。二〇一六年、同大学大学院博士課程修了。博士(工学)。松山アーバンデザインセンター副センター長などを経て、二〇一七年より現職。おもな著書=『アジア・アフリカの都市コミュニティ』(共著)ほか。

嘉門雅史｜かもん・まさし
(一社)環境地盤工学研究所理事長、京都大学名誉教授。一九四五年、愛知県生まれ。一九七三年、京都大学大学院工学研究科博士課程修了。工学博士。同大学助教授などを経て、一九九一年、同大学防災研究所教授。同大学大学院地球環境学堂長。国立高等専門学校機構香川高専校長。二〇一四年より現職。

神吉紀世子｜かんき・きよこ
京都大学大学院教授。大阪府生まれ。一九八九年、京都大学工学部建築学第二学科卒業。一九九一年、同大学大学院工学研究科修士課程修了。博士(工学)。和歌山大学助教授などを経て、二〇〇五年、京都大学助教授。二〇一一年より現職。おもな著書=『未来の景を育てる挑戦』(共著)ほか。

城所哲夫｜きどころ・てつお
東京大学大学院工学系研究科教授。一九五八年、神奈川県生まれ。東京大学工学部卒業。同大学大学院修士課程修了後、国連地域開発センター研究員、チュラロンコン大学客員講師などを経て、一九九六年、東京大学大学院工学系研究科助教授。工学博士。二〇一九年より現職。

木下 勇｜きのした・いさみ
大妻女子大学社会情報学部教授。一九

五四年、静岡県生まれ。一九七八年、東京工業大学工学部建築学科卒業。一九八四年、同大学大学院博士課程修了。工学博士。千葉大学園芸学部助手などを経て、二〇〇五年、同大学園芸学部教授。二〇二〇年より現職。おもな著書=『ワークショップ』ほか。

斎尾直子｜さいお・なおこ

東京工業大学准教授。東京都生まれ。一九九〇年、東京工業大学建築学科卒業。一九九二年、同大学大学院修士課程修了。三菱総合研究所、筑波大学などを経て、二〇一一年より現職。博士(工学)。おもな著書=『まちのようにキャンパスをつくり、キャンパスのようにまちをつかう』(共著)ほか。

坂井 文｜さかい・あや

東京都市大学教授。東京都生まれ。一九八九年、横浜国立大学工学部建築学科卒業後、JR東日本勤務。一九九六年、ハーバード大学デザイン大学院修士課程修了。二〇〇五年、ロンドン大学Ph.D.。北海道大学准教授を経て、二〇一五年より現職。おもな著書=『英国CABEと都市景観・建築デザイン』(共著)。

田井 明｜たい・あきら

九州大学大学院准教授。博士(工学)。一九八一年、香川県生まれ。二〇〇四年、九州大学工学部地球環境工学科卒業。二〇一〇年、同大学大学院工学府海洋システム工学専攻博士後期課程修了。博士(工学)。同大学高等研究院助教などを経て、二〇一六年より現職。

竹内 徹｜たけうち・とおる

構造エンジニア、東京工業大学教授。一九六〇年、大阪府生まれ。一九八二年、東京工業大学建築学科卒業。一九八四年、同大学大学院修士課程修了後、新日本製鉄建築事業部勤務。博士(工学)。二〇〇九年より現職。おもな構造設計作品=「東京工業大学緑が丘一号館レトロフィット」「東京工業大学附属図書館」ほか。

林 良嗣｜はやし・よしつぐ

中部大学持続発展・スマートシティ国際研究センター長、名古屋大学名誉教授。ローマクラブ・フルメンバー、世界交通学会前会長・COVID-19タスクフォース委員長。おもな著書=『都市のクオリティストック』(共著)、『Come On! 目を覚そう:ローマクラブ五〇周年レポート』(共著)ほか。

福井秀夫｜ふくい・ひでお

政策研究大学院大学教授・まちづくりプログラムディレクター。一九八一年、東京大学法学部卒業。建設省都市局、住宅局、大臣官房会計課などを経て、一九九三年、東京工業大学助教授、一九九六年、法政大学教授。二〇〇〇年、ミネソタ大学客員研究員。二〇〇一年、政策研究大学院大学教授。京都大学博士(工学)。

船水尚行｜ふなみず・なおゆき

室蘭工業大学理事・副学長、北海道大学名誉教授。一九五三年、青森県生まれ。一九七六年、北海道大学工学部衛生工学科卒業。一九七八年、同大学大学院工学研究科衛生工学専攻修士課程修了。同大学助手などを経て、二〇〇四年、同大学大学院工学研究科教授。工学博士。二〇一八年より現職。

南 一誠｜みなみ・かずのぶ

芝浦工業大学建築学部教授。一九五六

年、石川県生まれ。一九七九年、東京大学工学部建築学科卒業。一九八一年、同大学大学院工学系研究科修士課程修了。一九八六年、マサチューセッツ工科大学大学院修了。博士(工学)。郵政省大臣官房建築部、建設省大臣官房庁営繕部などを経て、二〇〇五年より現職。

保井美樹｜やすい・みき

法政大学現代福祉学部教授。福岡県生まれ。一九九一年、早稲田大学政治経済学部政治学科卒業。一九九七年、ニューヨーク大学都市計画修士課程修了。博士(工学)。世界銀行、ロンドン大学客員研究員などを経て、二〇一二年より現職。おもな著書＝『孤立する都市、つながる街』(共著)ほか。

［日本学術会議　土木工学・建築学委員会「都市・地域とデザイン分科会」活動記録］［＊＝非公式開催］

初年度	**二〇一七年一一月–二〇一八年九月**	
第二四期	土木工学・建築学委員会「都市・地域とデザイン分科会」設置	二〇一七年一一月二四日
第一回分科会	デザインに関する全般的概論と問題［スピーカー――内藤廣］	二〇一八年一月二六日
第二回分科会	アジア(特に中国)のデザイン状況について［ゲストスピーカー――喜多俊之］	五月二五日
第三回分科会	デザインに関する知的財産権について［ゲストスピーカー――森山明子］	八月六日
二年度	**二〇一八年一〇月–二〇一九年九月**	
第四回分科会	石川栄耀を中心とした都市デザインの系譜について［ゲストスピーカー――中島直人］	二〇一八年一一月八日
第五回分科会	建築におけるデザインの状況について［スピーカー――赤松佳珠子］	二〇一九年一月三一日
幹事会＊	今後の進め方について	三月一八日
見学会＊	東京の巨大都市模型の見学(有志参加)	五月八日
第六回分科会	初年度の総括と今後の議論の進め方について→各委員にレポート提出要請	五月二一日
第七回分科会	「デザイン」をキーワードに各委員からの問題提起を基に議論	八月六日
三年度	**二〇一九年一〇月–二〇二〇年九月**	
幹事会＊	取りまとめの方向性の事前確認	二〇一九年一〇月八日
第八回分科会	「デザイン」を総括的に論じるテーマ決定。取りまとめ方法の検討	一一月一九日
情報領域グループ＊	情報領域におけるクロノデザインの議論	一二月一三日

都市領域グループ＊	都市におけるクロノデザインの議論	二〇二〇年一月一七日
建築領域グループ＊	建築におけるクロノデザインの議論	一月二八日
土木領域グループ＊	土木におけるクロノデザインの議論	一月三〇日
情報領域グループ＊	情報領域におけるクロノデザインの議論(補足開催)	二月二八日
幹事会・総括＊	建築・都市・土木・情報を総括する議論	六月一九日
第九回分科会	書籍化の進捗報告と三カ年の活動総括	九月九日

[分科会メンバー]

委員長：内藤廣 | 副委員長：浅見泰司 | 幹事：赤松佳珠子、山本佳世子 | 世話人：和田章(以上、幹事会)

委員：伊藤香織、小野悠、嘉門雅史、神吉紀世子、城所哲夫、木下勇、斎尾直子、坂井文、田井明、竹内徹、林良嗣、福井秀夫、船水尚行、南一誠、保井美樹

[写真クレジット]

- ■伊藤香織｜171、179
- ■大阪ガス｜102
- ■小野悠｜160、162、168
- ■神吉紀世子｜056
- ■木下勇｜022、040
- ■共同通信社｜072、176
- ■京都大学神吉研究室｜018上段右から2点目、2段左、3段右から2・7点目、下段左から2点目
- ■坂井文｜033、036下、052
- ■彰国社写真部｜096下、103、199
- ■彰国社編集部｜150上段左、2段右、3段左から2点目、4段右から4点目、下段左から2・4点目
- ■田井明｜137
- ■竹内徹｜028、029
- ■中川敦玲｜018(上段右から2点目、2段左、3段右から2・7点目、下段左から2点目を除く)、064、112(上段左、2段右、3段右から4点目、4段右から2点目、下段左から2点目を除く)、150(上段左、2段右、3段左から2点目、4段右から4点目、下段左から2・4点目を除く)、191、195、200、207、211、214
- ■保井美樹｜173
- ■山本佳世子｜152、194
- ■吉田誠｜051
- ■ロイター＝共同｜198
- ■和田章｜217
- ■aat＋ヨコミゾマコト建築設計事務所｜046
- ■jmho｜116
- ■NPO法人北海道遺産協議会｜115
- ■luckyzheng｜096上
- ■Stagenoot｜100

クロノデザイン　空間価値から時間価値へ

2020年11月10日　第1版 発　行

編　者　内　藤　　廣

著　者　浅見泰司・赤松佳珠子
山本佳世子・和田　章
伊藤香織・小野　悠
嘉門雅史・神吉紀世子
城所哲夫・木下　勇
斎尾直子・坂井　文
田井　明・竹内　徹
林　良嗣・福井秀夫
船水尚行・南　一誠
保井美樹

著作権者との協定により検印省略

発行者　下　出　雅　徳

発行所　株式会社　**彰　国　社**

162-0067　東京都新宿区富久町8-21
電　話　03-3359-3231(大代表)
振替口座　00160-2-173401

自然科学書協会会員
工学書協会会員

Printed in Japan

印刷：壮光舎印刷　製本：中尾製本

ISBN 978-4-395-32158-2 C 3052 https://www.shokokusha.co.jp